안녕, 체

체 게바라의
'모터사이클 다이어리'
그 다음 여정

김산환 지음

꿈의지도

우리 모두 리얼리스트가 되자.
그러나 가슴 속에는 불가능한 꿈을 품자.

물레방아를 향해 질주하는 돈키호테처럼
나는 녹슬지 않는 창을 갖고
자유를 얻는 그날까지
앞으로만
앞으로만
달려갈 것이다.

Contents

1 안티구아, 라틴 속으로

안티구아 품에 들다 ········· 018
식민의 도시에 샘솟는 시간의 향기 ········· 020
당신과 만나기 위해 **나의 에스파뇰 배우기** ········· 026
우기의 하숙집 ········· 030
커피향을 맡다 ········· 036
바람을 뿜는 화산 ········· 040
홍수환을 만나다 ········· 046
나의 아미고스 ········· 052
치킨버스 의자놀이 ········· 058

2 마야의 혼

잠자는 화산 속 성자의 마을 ······ **070**

평화를 길어내는 깊은 우물 ······ **076**

마야, 그 신비로운 이름 ······ **086**

상형문자 계단의 수수께끼 ······ **092**

티칼로 가는 머나먼 길 ······ **098**

역사의 나날을 헤아렸던 땅에서 ······ **100**

밀림의 바다에 뜬 신화의 등대 ······ **108**

호수 위로 무거운 공기가 흐른다 ······ **114**

Contents

3 유카탄 반도를 따라 카리브 해까지

피라미드는 파도에 젖고 …… **122**

썸머 크리스마스의 유혹 …… **130**

푸른 산호초 속 열대어 …… **134**

시간의 짐을 지고 있는 피라미드 …… **140**

비의 신은 저녁놀에 불타고 …… **152**

마야의 미소와 작별하다 …… **158**

4 쿠바 혁명의 길

사랑이여, 안녕 — **176**

아바나에서의 첫날밤 — **186**

원스 어폰 어 타임 인 아바나 — **190**

아바나 비에하를 걷다 — **192**

쿠바에서 공짜는 없다 — **200**

쿠바 산 시거의 향기 — **208**

1950년 산 시보레 자동차의 향수 — **214**

그들은 늘 길 위에 서 있다 — **220**

꽃분홍 담장 따라 거닌 태양의 도시 — **226**

사탕수수밭으로 시간여행을 떠나다 — **232**

푸른 바다와 하늘, 바람이 담긴 술 — **240**

체 게바라를 만나다 — **248**

수고스런 삶의 짐을 내려놓다 — **260**

5 영혼의 순례자

헤밍웨이는 카리브 해로 떠나고 — **274**

안녕, 아바나, 안녕, 체 — **282**

미국

플로리다

멕시코

비날레스 아바나 산타클라라
트리니다드 쿠바
칸쿤
욱스말 치첸 잇사
툴룸
멕시코시티

팔렝케
티칼 벨리즈
과테말라   카리브해
아티틀란 호수
코판 온두라스
안티구아 ★
엘살바도르
과테말라시티
니카라과

코스타리카

파나마

1

★ 안티구아,
라틴 속으로

베네수엘라 가이아나 수리남 프랑스령 기아나

브라질

★

1951년 12월 29일. 체 게바라는 '포데로사'라고 이름붙인 중고 오토바이를 타고 라틴 아메리카를 향한 첫 여정에 오른다. 의사가 되겠다는 부푼 꿈을 안고 출발한 이 여행은 그러나 그의 운명을 바꿔놓는다. 아르헨티나에서 칠레, 페루, 볼리비아, 브라질, 콜롬비아, 베네수엘라 등 라틴 아메리카 대부분의 나라를 돌아보는 6개월간의 좌충우돌 여행에서 그는 제3계 민중들의 고단한 현실을 목도한다. 아마존 밀림의 나환자촌에서 의술을 펼친 후 '맘보-탱고'라 명명한 뗏목을 타고 강의 하류로 내려오면서 체 게바라는 점점 가슴이 뜨거워지는 것을 느낀다. 그러나 어머니와 했던 약속-의사면허시험을 보기 전까지 돌아오겠다-을 지키기 위해 아르헨티나로 돌아간다. 체 게바라가 떠났던 6개월간의 여정은 훗날 '모터사이클 다이어리'(2004년)라는 영화로 제작됐다.

★

1953년 7월 7일. 의사가 된 체 게바라는 두 번째 여정에 오른다. '모터사이클 다이어리'를 마치고 돌아온 지 꼭 1년 뒤다. 6개월에 걸친 1차 여행은 집으로 돌아오기 위한 여정이었지만, 이번은 달랐다. 그는 자신이 가야할 길이 의사가 아님을 확신하고 있었다. 그는 인간의 질병을 치료하는 것보다 세계의 모순을 해결하는 게 더 본질적인 문제라고 생각했다. 그의 확신은 볼리비아의 광산과 페루의 험준한 안데스 산악지대에서 여전히 고통스럽게 살고 있는 인디오들을 보면서 점점 굳어졌다. 그 해 12월. 체 게바라는 중남미 과테말라로 스며들었다. 당시 과테말라는 라틴 아메리카에서는 유일하게 '자유정권'이 집권하며 혁명가들의 안식처와 같은 역할을 했다.

★

1953년 12월 20일. 체 게바라는 과테말라에서 그의 첫 번째 부인이 될 일다 가데아를 만난다. 페루 원주민의 피가 흐르는 일다도 그곳으로 정치적 망명을 와 있었다. 체 게바라와 일다는 첫 만남부터 지성미와 혁명에 대한 열정으로 서로에게 급속도로 빨려들었다.

안티구아 품에 들다

안녕! 안티구아Antigua라는 이름이 낯설지? 당신에게 과테말라의 작은 도시 안티구아가 얼마나 생소하게 느껴질 지는 충분히 짐작이 가. 아무리 지구본을 돌려봐도 나오지 않는 이름일 테니까. 당신만 그렇게 막막한 기분일 거라고 생각하지는 마. 과테말라로 향하는 비행기 안에서 나 역시 라틴 아메리카에 첫걸음을 내딛는다는 설렘보다 두려움이 앞섰으니까. 어쩌면 이 도시를 처음 찾은 체 게바라도 그랬을 거야. 낯선 곳으로의 여행은 항상 기대감보다는 두려움이 지배하기 마련이니까.

새벽 공기가 축축하게 젖어 있는 과테말라 공항을 빠져나오면서 '안티구아로 가야 한다'는 지상명령을 어떻게 수행할 것인가 골몰했어. 그런데 답은 의외로 쉽게 풀렸어. 공항 밖으로 나오자 승합차 운전자들이 하나같이 '안티구아'를 소리 높여 외치는 게 아니겠어. 그 소리를 따라 앞뒤로 배낭을 멘 여행자들이 성큼성큼 승합차로 가는 거야. 나도 서둘러 그들을 따라 갔어. 이들과 함께 가면 적어도 혼자 끌려가서 봉변을 당하는 일은 없겠다 싶었던 거야. 푸른 눈의 배낭여행자들로 꽉 찬 승합차는 어둠에 휩싸인 과테말라시티를 무섭게 질주했어. 1시간쯤 가자 작은 도시의 품으로 들었어. 인기척도 없는 새벽이었지만 어슴푸레 빛나는 도시를 보며 여기가 안티구아라는 확신이 들었어.

승합차는 도심의 광장에 일행을 부려놓자마자 돌아갔어. 여행자들도 하나둘씩 짝을 지어 뿔뿔이 흩어지고, 광장에는 나만 홀로 남겨졌어. 어디로 가야 하나. 일단 숨부터 크게 쉬어 봤어. 긴 비행시간 덕분에 몸은 까무러칠 듯이 피곤했지만 머릿속은 유리알처럼 맑았어. 일단 정한 목적지에 탈없이 왔다는 안도감도 있었겠지만, 그보다는 안티구아의 아침 공기가 그렇게 상쾌할 수가 없었어. 이 도시가 간직한 고즈넉한 향기가 폐부 깊숙이 빨려들어 오는 거야. 지금은 비록 모든 것이 어둠 속에 잠겨 있지만 곧 동이 틀 거야. 그러면 스페인 식민 시절에 꽃핀, 이 도시의 오래된 유산들이 자신의 존재를 내보일 거야. 그 때쯤이면 내가 마야의 나라 과테말라에 있다는 것을 실감하겠지?

식민의 도시에
샘솟는 시간의 향기

 안티구아는 거닐어 볼수록 매력적인 도시야. 겨우 며칠 머무른 게 전부지만 여행자들이 이곳을 '과테말라의 해방구'라 부르는 이유를 알 것 같아. 인구 3만 명에 불과한 이 작은 도시는 온통 스페인 식민의 유산으로 가득해. 허물어진 채로, 혹은 아직도 싱싱한 자태를 뽐내며 서 있는 숱한 성당과 수녀원을 비롯해 반듯반듯한 골목을 가득 채운 식민지풍의 집들은 하나같이 매력적이야. 아침나절이면 꽃분홍과 연노랑, 하늘색으로 곱게 채색된 담장들이 밝은 햇살에 빛나. 그 거리를 거니는 것만으로도 행복이 밀려와. 집과 집을 이어주는 골목길은 하나같이 잔돌이 촘촘하게 박혀 있어. 스페인 식민지 시절에 만들어진 모습 그대로야. 덕분에 차들은 한 박자 죽여서 오갈 수밖에 없어.

 안티구아는 여행자를 위한 완벽한 조건을 갖추고 있어. 매일 강도와 살인사건이 일어나는, 이웃한 과테말라시티와는 천지차이야. 공원에는 흔한 노숙자 한 명 발견할 수 없고, 도로는 언제나 깔끔하게 정비되어 있어. 골목 귀퉁이마다 여행자의 안전을 지켜주는 경찰들이 대기하고 있지. 이 가난한 나라에서 이처럼 완벽하게 치안과 질서를 유지시키는 이유는 단 하나, 이 곳이 과테말라와 라틴 아메리카로 가려는 여행자들의 집합소이기 때문이야.

한낮의 안티구아 거리는 현지인보다 여행자가 더 많을 정도야. 세계 문화유산으로 지정된 이 도시를 구경하기 위해 온 단체 관광객도 있지만 길게는 몇 달씩 묵어가는 배낭여행자들이 대부분이야. 안티구아는 라틴 아메리카에서 가장 저렴한 돈으로 스페인어를 배울 수 있는 곳 가운데 하나야. 배낭여행자들은 이곳에서 스페인어 실력을 다진 후 본격적으로 여행을 떠나. 그들을 위해 50여 개쯤 되는 스페인어 학원이 일 년 내내 문을 활짝 열고 있어.

여행자들은 오전에 스페인어를 배우고 오후에는 안티구아에 산재한 식민의 유산을 돌아봐. 주말이면 하루나 이틀쯤 마야의 유적이나 화산, 아티틀란^{Atitlan} 호수 등 과테말라의 명소를 찾아다녀. 여기에는 몇 달을 머물러도 심심하지 않을 만큼 볼거리가 넘쳐. 과테말라에서 이름난 곳은 안티구아에서 다 갈 수 있어. 다운타운에는 주요 도시와 관광지를 직접 연결하는 셔틀버스를 운영하는 여행사가 지천이야.

하지만 이 도시의 전성기를 지금이라고 착각하지는 마. 이 도시가 가장 화려하게 꽃을 피웠던 때는 지금으로부터 500년 전이야. 스페인 국왕의 충실한 심복 코르테즈가 이끄는 군대는 콜럼버스가 신대륙을 발견한 지 불과 50년 만에 마야Maya와 아스텍Aztec, 잉카Inca 등 라틴 아메리카 문명들을 차례로 초토화시켜. 하지만 라틴 아메리카는 그들이 상상했던 것보다 큰 대륙이었어. 그들에게는 이 거대한 식민지를 효율적으로 통치하기 위한 거점도시가 필요했어. 그래서 오늘날 멕시코시티Mexico City와 페루의 리마Lima, 그리고 안티구아를 건설한 거야.

처음에 건설된 안티구아는 이곳에서 북쪽으로 6km 떨어진, 아구아Agua 화산 아래에 있었어. 그러나 이 도시는 불행하게도 50년을 견디지 못하고 로마의 품페이처럼 사라졌어. 아구아 화산이 폭발하면서 분화구에 고여 있던 물이 쏟아져 내려와 도시를 덮친 거야. 도시는 아수라장으로 변했고, 건물과 사람들은 흙더미에 묻혀 지금까지 발굴 작업이 이뤄지지 않고 있어. 화산 폭발 이후 스페인 총독은 도시를 지금의 자리로 옮겼어. 이때부터 안티구아의 전성기가 시작된 거야. 200년간 영화가 지속되면서 이 도시는 인구 20만 명이 사는 거대도시로 성장했어. 시내에는 가톨릭 대부분의 종파가 들어와 30여 개가 넘는 수도원과 성당을 지었어. 식민지의 값싼 노예들과 넘쳐나는 자원을 이용해 본토보다 더 웅장하고 아름다운 도시를 건설한 거야. 그러나 그 찬란함도 잠시뿐, 1770년 대지진은 모든 것을 삼켜버려. 지진 때문에 대부분의 수도원과 성당은 파괴되고 안티구아도 초토화 됐어. 지금까지도 안티구아 시내 곳곳에 무너진 채 남아 있는 유적이 당시 지진의 참상이야.

'안티구아'는 '고대의', '옛날의' 라는 뜻이야. 안티구아는 아구아 화산을 비롯한 3개의 화산에 둘러싸여 있어. 그 가운데 푸에고Fuego 화산은 지금도 왕성하게 활동을 해. 밤에 다운타운을 거닐다 보면 불기둥이 화산 위에서 솟는 모습을 종종 볼 수 있어. 그러나 안티구아의 주인은 누가 뭐래도 아구아 화산이야. 다운타운 어디서나 훤히 올려다 보이는 이 산은 군더더기 하나없이 원뿔형으로 치솟은 게 매력이야. 안티구아보다 2,000m나 더 높이 치솟은 이 화산의 자태는 우람하기 짝이 없어. 화산폭발로 안티구아에 물벼락을 선사하기도 했지만 이 도시에 아구아 화산이 없었다면 정말 허전했을 거야. 이 화산을 든든한 배경으로 삼아 안티구아는 제2의 전성기를 꿈꿔. 라틴 여행자들의 해방구로서 말이야.

안티구아는 아주 작은 도시야. 그러나 그 안에는 세계가 있어. 배낭여행자들이 가져온 세계의 문화들이 한데 뒤엉켜 있어. 아마 먼 훗날에도 라틴 아메리카에 대한 기억은 안티구아로부터 시작될 거야.

당신과 만나기 위해
나의 에스파뇰 배우기

이제 겨우 일주일 배웠어. 처음 접하는 스페인어는 무척 낯설고 생소해. 누군가는 라틴 아메리카를 여행지로 선택하게 된 이유가 4주면 유창해지는 스페인어 실력 때문이라고 했어. 하지만 막상 스페인어를 배우겠다고 덤비니까 그 말이 가물가물해지면서 하늘이 노랗게 변하는 거야. 사실 생판 모르는 다른 나라의 말을 한 달 만에 배운다는 게 어디 쉬운 일이겠어?

우선 학원을 골라잡게 된 내력부터 이야기할게. 첫날 과테말라 공항에서 안티구아로 왔을 때가 새벽 5시야. 아침이 부옇게 밝아 오는데 광장에 홀로 있자니 암담하더군. 졸리기도 하고, 배는 고프다 못해 쓰렸어. 그러나 그 시간에 문을 연 식당이 있을 리 있겠어? 학원이나 홈스테이 정보를 알려준다는 여행자안내소도 8시는 돼야 문을 열 테고. 하릴없이 공원 벤치에 앉아 책을 뒤적거리고 있는데 점잖은 노신사 한 분이 다가왔어. 그를 본 순간 그가 누구인지 선뜻 짐작이 됐어.

그 노신사는 스페인어 학원을 알선하는, 시쳇말로 삐끼야. 이곳에서는 고상한 말로 기이아^{가이드}로 불러. 워낙 많은 여행자들이 기이아의 손에 이끌려 학원을 구하기 때문에 그들의 존재는 여행가이드북에도 나올 정도야. 그를 피할 이유가 없었어. 이야기 좀 나눈다고 손해 볼 건 없잖아? 10분쯤 이 노련한 기이아와 수다를 떨다가 덜컥 그를 따라 나섰지. 사실 빨리 쉬고 싶었어. 무거운 배낭부터 내려놓고 다음 일을 시작하고 싶었거든. 어차피 길어야 2주쯤 학원을 계약-〈론니 플래닛〉에 우선 2주 정도 다녀본 후 다시 알아보라고 적혀 있다-할 텐데, 낯 놓고 기억자도 모르는 처지에 좋고 나쁜 학원이 어디 있겠어. 다행히 학원은 가까운 곳에 있었어. 1주치 하숙비와 수업료를 합해 100달러를 내고 곧바로 하숙집으로 직행했어.

스님 중에 탁발승이 있어. 시주를 얻으러 다니는 것을 통해 득도를 하는 스님들이야. 탁발승은 이 마을 저 마을 다니며 시주를 얻어. 마을을 한 바퀴 돌고나면 탁발승의 바라에는 시주로 받은 쌀과 콩이 묵직하게 담기게 돼. 그것을 지고 절로 돌아가는 길은 고행이야. 절간에 앉아 목탁만 두드리는 스님들에 비하면 육체적으로 고통스런 과정을 통해 도를 닦는 셈이지.

지금 내가 스페인어를 배우는 게 꼭 탁발승의 동냥과 같아. 과테말라는 여행을 하면서 스페인어를 배울 수 있는 조건이 잘 갖추어져 있는 나라야. 이름난 여행지에는 항상 스페인어 학원이 있어. 안티구아에도 학원이 넘쳐나고, 아티틀란 호숫가의 오지마을에도 학원이 옹기종기 모여 있어. 티칼Tikal이나 코판Copan 같은 이름난 마야 유적지에도 빼놓지 않고 학원이 있어. 여행자들은 여행을 하며 짧게는 며칠에서 길게는 한 달씩 스페인어를 배워. 여행과 스페인어 공부, 두 마리 토끼를 한꺼번에 잡는 셈이야. 여행이 삶의 길을 찾는 도 닦음이라면 스페인어는 이곳에서 움직이고 먹고 자기 위해서 꼭 필요한 동냥이지.

과테말라에서는 5주쯤 스페인어를 배울 작정이야. 물론 이 시간이 충분치 않다는 것을 알아. 사실 라틴어가 처음인 여행자가 단어를 외우고, 문법을 익히고, 말을 입에 붙이기 위해서는 최소 몇 달의 시간이 필요해. 하지만 그렇게 넉넉하게 시간을 투자할 수는 없어. 체 게바라의 영혼이 잠들어 있는 쿠바까지는 아주 먼 길이야. 부족한 것은 여행을 통해 채울 수밖에 없는 일!

★ 우기의 하숙집

　　우기의 안티구아에는 오후 1시만 되면 어김없이 소나기가 내려. 마치 주말 예배를 알리는 예배당 종소리처럼 정확히 그 시간에 찾아와. 소나기는 한 시간쯤 줄기차게 내리다가 그쳐. 그리고는 오후 내내 오는 듯 마는 듯 가랑비가 이어져. 하지만 언제나 아침은 상쾌해. 아침에 눈을 떠 방문을 열면 언제 비가 왔나 싶게 햇살이 쨍해. 또 몇 시간 뒤면 소나기가 흠뻑 퍼부을 줄 알면서도 햇살은 그렇게 아침나절 내내 싱그럽게 빛나. 소나기가 퍼부을 때면 1.5평이 될까 말까한 이 작은 방은 빗소리로 가득 차. 귀청이 따가워 견디기 힘들 만큼 우렁차. 세상의 모든 소음은 함석을 잇댄 처마와 지붕 위로 떨어지는 빗방울 소리에 묻혀.

　　그렇다고 너무 낭만적으로 생각하지는 마. 복도처럼 좁고 긴 이 방의 살림살이는 아주 단출해. 몸만 대면 삐거덕 소리가 나는 낡은 철제 침대와 간이 탁자, 붙박이 옷걸이, 창 하나가 전부야. 사형수가 머물고 있는 독방 같은 느낌이야. 햇살은 늘 이 방을 비껴가기 때문에 온종일 침울한 기운이 감

돌아. 낮에도 문을 열어 놓고 전등을 켜야만 책을 읽을 수가 있어. 게다가 우기의 나날이 지속되면서 곰팡내까지 코를 찔러.

침대 위에 놓인 매트리스와 이불은 늘 축축해. 방금 빨아 말린 새 이불을 갖다 놔도 하루만 지나면 마찬가지야. 방안의 습기를 모두 빨아들이기 때문이지. 그 축축한 이불을 덮고, 삐거덕거리는 침대에 누워 잠을 잔다고 생각해 봐. 스프링이 주저앉아서 한 번 뒤척일 때마다 이 침대에 몸을 뉘였던 숱한 여행자들이 '나 여기 누웠었소'라고 인사를 건네는 것 같아. 쉽사리 잠을 잘 수가 없지. 밤은 내일을 위한 휴식이 아니라 견뎌야 할 시간이 되고 말아. 그렇게 잔 둥 만 둥 아침을 맞으면 어디서 흠씬 두들겨 맞은 것처럼 몸이 무거워.

자, 상상해 봐. 넌 지금 나와 함께 안티구아에서 내가 묵고 있는 하숙집에 와 있어. 쪽문을 밀고 들어서면 주차장이야. 1961년 도요타가 만든 낡은 지프차 하나가 이 공간을 독차지 하고 있어 아주 조심스럽게 지나야 해. 차가 주차된 곳에서 왼쪽으로 두어 계단 높은 곳에 응접실이 있어. 노부부는 이곳에서 손님을 만나거나 창문 너머로 바깥 풍경을 구경해. 이곳에서 부엌까지는 비좁은 복도야. 오른쪽으로는 노부부가 자는 방을 포

함해 세 개의 방이 나란히 있어. 부엌을 지나 문을 열고 나오면 작은 정원이야. 겹겹이 쌓인 처마 덕에 하루 종일 햇살 한 번 들지 않는 곳이지. 이 집에서 내가 가장 싫어하는 곳이기도 해. 커다란 새장 때문이지. 두 개나 되는 새장이 마당의 절반을 차지하고 있는데, 지금처럼 우기에는 새똥이 빗물에 녹아 고약한 냄새를 풍기거든. 새장 맞은편으로는 빨래도 하고 설거지도 하는 공간이 있어. 그 뒤에 화장실이 있고. 새장과 빨래터를 지나면 방 두 개가 있어. 오른쪽 방은 주인장이 처음 내게 권했던 곳이야. 이곳은 지금 내가 묵고 있는 이층의 방보다 한참이나 비좁아. 사형수가 벌을 받을 때 옮겨지는 먹방—빛 하나 들어오지 않고 몸을 함부로 움직일 수도 없는 방—처럼 생겼어. 정말 감옥처럼 흉해. 게다가 문을 열면 바로 새장과 마주보게 되니 진짜 형벌을 받는 느낌이지. 계단을 따라 오르면 이층에 또 두 개의 방이 있어. 하나는 2인용 도미토리이고, 다른 하나는 지금 내가 쓰는 1인용이야. 이곳의 사정은 그래도 좀 나아. 함석지붕 처마에 줄줄이 매달아 놓은 화분 덕택에 마당에 놓인 새장이 보이지 않거든. 복도에 의자도 있어 담배를 태우기도 좋고, 그나마 지붕 너머로 빠끔히 하늘도 볼 수 있어.

안티구아에서 머무는 동안 시간이란 적과 지루한 싸움을 했어. 해가 지면 일찌감치 저녁을 먹은 뒤 이 칙칙한 방으로 들어와. 스페인어를 1시간쯤 복습하고 나면 머리에 쥐가 나. 하지만 달리 할 게 없어. 가지고 온 책이라고는 여행서적 몇 권이 전부인 터라 읽었던 책을 몇 번씩 다시 읽으며 시간을 죽여 봐도 고작 저녁 9시야. 전기요금에 벌벌 떠는 노부부의 눈초리가 무서워 TV도 볼 수 없어. 이런 저런 궁리를 해봐도 뾰족한 답이 없어. 하릴없이 침대로 향할 수밖에.

이불을 덮고 누우면 탄력 잃은 침대 스프링 덕택에 몸이 아래로 쑤욱 꺼져. 마치 관 속에 들어간 것처럼 침대와 이불이 온 몸을 조여와. 함석 지붕 위로 고양이인지 쥐인지 알 수 없는 것들이 후다닥 뛰어 다니는 소리가 아주 가깝게 들려. 그나마 창문으로 옅은 불빛이 들어오지 않는다면 무덤만큼 깊은 방이 될 거야. 그렇게 침대에 누워 애써 잠을 청하지만 이미 온 신경이 눅눅하고 습한 침대와 이불, 곰팡내에 가 있기 때문에 잠은 아득히 멀어져. 숫자를 세어보기도 하고, 체 게바라를 따라 쿠바로 가는 여정을 몇 번씩 다시 그려 보며 어둠 속에 누워 있어. 그래도 잠은 오지 않아. 그렇게 오래도록 뒤척이다 보면 방광 가득 오줌이 차. 화장실은 1층에 있어. 계단을 내려가다 시계를 보면 어느새 새벽 1시. 다시 침대에 누워. 오지 않는 잠과 씨름을 하다 더 이상 버틸 수 없을 때쯤에야 겨우 잠의 문턱을 넘어. 그러나 그게 끝이 아니야. 꿈속에서 또 누군가를 만나고, 좋지 않은 기억 속에서 헤매고 다녀.

다시 꿈속에서인가 싶게 누군가 '헤이 산' 하고 불러. 환청처럼 들리는 그 목소리의 주인공은 하숙집 노인장. 아침 먹으라는 소리지. 관 속 같은 곳에 누워 있던 몸을 힘겹게 끄집어내 방문을 열면 밖은 햇살이 눈부신 아침이야. 휴식도 없이 그렇게 또 다른 하루가 시작되는 거야. 그래도 좋아. 이 칙칙한 방에서 빠져나가 누군가를 만날 수 있고-비록 그것이 머리에 쥐가 나는 스페인어를 배우는 시간이라 할지라도-, 활기찬 거리를 볼 수 있다는 것만으로도 행복해.

커피향을 맡다

안티구아의 스페인어 학원은 오전에는 수업을 하고, 오후에는 프로그램을 진행하는 게 일반적이야. 학원에서 마련한 프로그램은 아주 다양해. 과테말라의 문화나 전통을 보고 느낄 수 있는 것부터 고아원이나 병원에서의 봉사활동, 농구와 축구 같은 스포츠 등 여러 가지 프로그램을 짜놓고 수강생들이 자유롭게 선택하게 해. 오늘의 프로그램은 커피농장 견학이야.

과테말라는 세계 7위의 커피 생산국이지. 브라질이나 콜롬비아에 비하면 턱없이 적은 양이지만 그래도 무시할 수 없는 나라야. 맛으로 따지자면 세계 4위라고 내놓고 자랑해. 과테말라의 커피 맛은 부드러운 게 특징이지. 커피 맛이 부드러운 것은 커피나무를 그늘에서 재배하기 때문이야. 커피나무는 뙤약볕에서 자라는 것과 이곳처럼 키 높은 나무의 그늘에서 자라는 두 종류가 있어. 햇볕에 노출된 커피는 쓴맛이 강하고, 응달에서 기른 것은 부드러워. 또 일 년에 절반은 우기인데다 강수량도 많고, 안개 낀 날이 잦은 것도 커피가 부드러운 맛을 품게 하는 이유야.

열을 지어 빼곡히 심어놓은 커피나무에는 열매가 주렁주렁 열렸어. 붉게 물든 몇 알을 제외하고는 전부 초록색이야. 커피 열매는 크기나, 촘촘하게 알이 박혀 열리는 모양새나 앵두와 비슷해. 열매가 붉게 익으면 앵두라 해도 속아 넘어갈 거야. 커피열매가 붉어지려면 11월이 지나야 해. 커피열매가 붉게 농익으면 수확을 한 뒤 커피열매의 껍질과 과육을 벗긴 후 씨만 말려. 씨가 바싹하게 말랐다 싶으면 씨를 감싸고 있는 딱딱한 두피를 벗겨내. 그런 다음 볶으면 구수한 커피가 되는 거야.

사실 커피농장 견학에서 흥미를 끈 것은 과테말라의 커피 맛이 아니야. 커피농장에는 마야의 전통 악기나 도구들을 따로 전시한 박물관이 있는데, 나의 흥미를 끌기에 충분했어. 박물관에 들어서면 고대 마야의 전통의상으로 차려 입은 안내원이 천천히, 그러나 뚜렷한 발음으로 악기를 두드리거나 불면서 하나씩 소개를 해줘. 마야인들이 썼던 악기들은 자연적인 것을 소재로 해서 만든 것이 많아. 예를 들면 큰 소라로 나팔을 만들거나 말린 거북의 등과 뱃가죽을 그대로 사용하는 타악기, 박처럼 둥근 열매를 말려 흔들면 소리가 나는 악기, 대나무로 만든 피리 등 소재가 다양해. 그 가운데 마야인들이 축제에 빼먹지 않고 사용했던 마림바라는 타악기도 있어. 이 악기는 실로폰과 피아노를 합쳐놓은 것과 같아.

크기가 각기 다른 건반을 막대기로 두드리면 그 아래 공명판이 울려서 소리를 내. 공명판은 크기가 다른 파파야라는 열매를 말려서 쓰거나 판자로 짜서 맞추어놓은 거야. 부드러운 울림이 좋은 마림바는 혼자 연주하기도 하지만 서너 명이 같이 하기도 해.

악기를 돌아본 후 마지막으로 슬라이드 필름을 상영했어. 마야인들의 악기와 축제, 삶을 다룬 사진이야. 이 커피농장주의 사위가 7년 동안 과테말라를 떠돌며 찍은 거지. 그는 지금 내셔널 지오그래픽의 사진가가 되어 영국에 머물고 있다고 하는데, 사진들이 하나같이 훌륭해. 영화도 아닌 슬라이드 필름을 하나씩 돌려가며 사진에 어울리는 음악을 삽입했는데, 실제 영화를 보는 것처럼 감동적이야. 특히, 사진 속에 담겨 있는 마야인들의 힘겨운 삶이 마음을 콕콕 찔렀어. 사진이 한 장 한 장 돌아갈 때마다 왠지 모를 슬픔이 밀려와. 그들은 웃고 있는데, 앞니가 몇 개 빠진 채 차렷 자세로 웃고 있는데도 내 귀에는 소리없는 울음소리가 들려. 그들이 화려한 전통의상을 차려 입고 마림바를 두드리며 한바탕 축제를 벌일 때도 내 귀에는 구슬픈 조곡이 들려. 수세기에 걸쳐 야만에 찬 문명의 침략 앞에 속절없이 무릎을 꿇어야 했던 인디오들의 고단한 삶이 그 필름 속에 고스란히 녹아 있는 거야. 두 차례에 걸친 라틴 아메리카 여행에서 체 게바라가 본 것도 이와 다르지 않겠지? 누군가는 그 고통스런 역사의 고리를 끊어야 한다고 생각했을 테고, 자신이 한 알의 밀알이 되기로 다짐했을 거야.

천 년 세월에 걸쳐 꽃 피웠던 마야문명은 13세기경 홀연히 역사 속에서 사라져. 그들이 수백 년에 걸쳐 피땀으로 일군 도시들은 밀림 속에 버려져. 미국인 탐험가 존 스티븐스가 1839년 온두라스 코판에서 밀림에 버려져 있던 고대 도시를 발견하기 전까지는 존재조차 드러나지 않았어. 마야문명의 급작스런 몰락은 지금도 풀리지 않는 수수께끼야. 왜 그들은 도시를 버리고 연기처럼 사라졌을까.

언젠가 미국 서부를 무대로 살아가던 아나사지 Anasazi 인디언의 신비에 쌓인 증발에 대해서 이야기를 한 적이 있을 거야. 그들 역시 거친 황야에 독특한 신전과 도시를 지었지. 까마득한 절벽의 중턱에 제비둥지처럼 집을 짓고 사다리를 타고 오르내렸던, 지붕으로 난 문을 통해 집을 드나들었던 인디언에 대해서 말이야. 공교롭게도 마야문명이 사라진 시기는 아나사지 인디언들이 자취를 감춘 때와 같아. 3,000km 이상 떨어져 있는 두 개의 문명이 동시에 사라졌다는 것이 조금 이상하지 않아? 그들의 힘으로는 어쩔 수 없는 거대한 재앙이 닥쳤던 것은 아닐까? 하지만 이 신비에 쌓인 몰락에 대해 추측만 있을 뿐 뚜렷한 답은 아직 없어.

도시를 버리고 뿔뿔이 흩어진 마야인들은 콜럼버스가 끌고 온 스페인 군대가 자신들의 영토를 유린하는 것을 속절없이 지켜봤어. 그리고 500년이 지난 지금도 그들은 자신의 땅에서 이방인처럼 살고 있어. 그런 통탄스런 마야의 역사 때문일까? 마야인의 진솔한 삶과 시간이 담긴 사진들을 보면서 몸에 불도장이 찍히는 것처럼 뜨거움을 느꼈어.

바람을 뿜는 화산

　버스를 타면 항상 내 옆자리는 비어 있어. 혼자서 여행을 떠나는 친구는 많지 않아. 대부분 일행이 있거나 최소한 쌍을 이뤄 움직이지. 하지만 난 늘 혼자야. 빈자리는 배낭을 편하게 내려놓을 수 있어 좋기도 하지만 가끔은 그 자리가 너무 커 보일 때가 있어. 여행은 외로운 일이니까. 그럴 때마다 체 게바라를 생각해. 그의 영혼이 나와 함께 여행을 하고 있다고. 빈자리는 그를 위해 남겨 둔 것이라고.
　차창 밖으로 과테말라의 가난한 노동자들이 보여. 이곳은 오전 6시면 부옇게 아침이 밝아와. 해가 조금 일찍 지는 까닭에 사람들은 이른 아침부터 부지런히 움직여. 굳이 '아침형 인간'을 들먹이지 않아도 과테말라 사람들은 부지런함이 몸에 배어 있어. 대학도 오전 6시부터 강의를 시작해. 고등학교에 다니던 누이들이 새벽밥 먹고 통근 열차에 몸을 실었던 1980년대 초반의 우리나라 시골 모습이 이곳의 아침 일상이야. 헐렁한 도시락 가방 하나 메고 도로 가에서 버스를 기다리는 노동자에게서 지난 시절 우리네 아버지와 형들의 모습을 떠올려봐.

참! 지금 내가 어디로 가고 있는지를 말하지 않았군. 지금 나는 파카야라는 화산을 찾아 가고 있어. 안티구아에 머무는 이방인들은 주말에 대부분 여행을 떠나. 마야의 문명을 찾아가거나 시골의 재래시장, 오늘처럼 화산투어를 하곤 하지. 그래서 주말의 안티구아는 텅 빈 느낌이야. 거리에서 외국인을 찾아보기가 힘들어. 오직 현지인들만 모여들어 시장을 보고, 결혼식을 올린다고 북적거려.

태평양과 접한 과테말라의 서부는 화산이 많아. 지금 내가 머물고 있는 안티구아도 화산의 도시야. 도시 뒤에 그림처럼 솟은 아구아 화산과 밤마다 불을 품는 푸에고 화산에 대해서는 지난 편지에 썼을 거야. 파카야도 살아 있는 화산이야. 분화구에서는 검은 연기가 솟고, 가끔씩은 불덩이를 토해내. 과테말라에서 살아 있는 화산의 분화구를 들여다볼 수 있는 곳은 이곳이 유일해.

버스는 큰 길을 벗어나자마자 급경사의 외길을 힘겹게 올라갔어. 차 한 대 비껴 지나기 힘들 만큼 좁은 비포장도로를 요리조리 돌아 오르자 산 중턱에 있는 마을에 닿았어. 꼭 30년 전 한국의 산간오지마을처럼 허름한 이곳에서 분화구까지 트레킹을 시작해.

대부분의 여행자들은 길 초입부터 맥을 못 춰. 안티구아에서 새벽같이 출발한데다 비좁은 차 안에서 잔뜩 웅크리고 있었던 터라 몸이 덜 풀린 까닭이야. 그들 뒤로 겨우 열 살 남짓한 아이들이 말을 타고 따라 다녀. 아이들은 '딱시'를 연신 외치는데, 처음에는 이 산중에 무슨 택시가 있나 했어. 얼마 후에 그 의미를 깨달았어. 힘들면 말을 타고 올라가라는 얘기를 하고 있던 거야. 딱시를 외치는 아이들은 한 둘이 아니었어. 조금 길이 험하다 싶은 곳에는 어김없이 말을 탄 아이들이 지키고 서서 딱시를 외쳤어. 그러나 어느 누구도 말을 타는 이가 없어. 이른 아침부터 말을 끌고 나온 아이들에게는 조금 미안한 일이지만 여행자들은 부자 나라에서 왔다고 해서 돈을 허투루 쓰는 경우가 없어.

분화구가 빤히 보이는 곳에 다다르자 날이 흐려졌어. 아니 다른 곳은 구름이 걷히면서 맑은 하늘이 간간이 드러났지만 분화구만은 항상 구름에 휘감겨 있어. 구름은 수시로 몰려와 분화구를 타 넘어. 날개 하나가 산을 덮을 만큼 큰 새가 날아가는 것처럼 구름이 몰려오고, 파란 하늘이 나타났나 싶으면 금방 다른 구름이 덮치는 식이야. 분화구 주변에는 4년 전의 폭발로 흘러내린 용암이 굳으면서 만든 황량한 계곡이 펼쳐져 있어. 풀 한 포기 나무 한 그루 자라지 않고 온통 푸석푸석한 검은색 화산재로 뒤덮였어. 그 계곡 가운데 가이드들이 화산재를 주어다 만든 커다란 글씨들이 군데군데 보여.

분화구를 오르는 일은 생각보다 쉽지 않아. 분화구의 경사는 최소 50도는 될 것 같았어. 너무 가팔라서 곧장 치고 올라가지 못하고 나선형으로 빙빙 돌아서 올라가야 해. 그러나 깎아지른 경사 외에도 전진을 가로막는 장애물은 많아. 우선 바람이 너무 거세. 마치 분화구가 주변의 공기를 모두 빨아들이는 것처럼 바람과 구름이 모두 분화구로 몰려들었어.

모래사장처럼 푹푹 빠지는 등산로도 전진을 가로막는 요인이야. 용암이 흘러내려 굳은 현무암은 단단하지가 않아. 몇 번 밟으면 모래처럼 잘게 부서져. 이 다져지지 않은 길은 한 걸음 내딛으면 두 걸음 미끄러지고 하는 식이야.

분화구에 닿았을 때는 아무 것도 보이지가 않았어. 구름이 분화구로 몰려들 때부터 짐작은 했지만 조금은 아쉬웠어. 분화구가 얼마나 깊은지, 그 속내는 어떻게 생겼는지 내 눈으로 확인하고 싶었는데. 깊은 분화구 속에서 이글이글 불타고 있는, 때로는 간간히 솟구쳐 오르는 붉은 용암을 볼 수 있을 것이라고 잔뜩 기대했었거든. 나의 아쉬움에도 아랑곳 없이 바람은 사람들을 분화구 안으로 떠밀어 넣을 것처럼 쉬지 않고 불어왔어. 가끔 바람이 잦아들면 분화구 속에서 연기가 하얗게 피어올라. 분화구에서 솟는 연기는 구름보다 따뜻하고 습해. 분화구 안쪽의 바위를 만지거나 그쪽으로 손을 넣으면 후끈한 기운이 느껴져.

파카야 화산에서 내려왔을 때는 오후 2시가 넘었어. 갈증으로 몸이 바스라질 것 같았어. 맥주 한 병을 단숨에 털어 넣었어. 금방 몸이 노곤해지며 피로가 몰려와. 빵 한 조각과 바나나 몇 개로 버티기에는 너무 버거운 하루였어. 버스가 출발하기도 전에 이내 곯아떨어졌어. 버스가 덜컹일 때마다 설핏 잠에서 깨어 비몽사몽으로 돌아보면 여전히 내 옆자리는 비어 있어. 아니 가끔은 꿈속에서인지 체 게바라가 시거를 물고 빙긋 웃어 보이기도 해. 슬슬 안티구아가 고향처럼 편안하게 느껴져.

홍수환을 만나다

까마득한 옛날 얘기를 해볼까? 1970년대 중반에 상종가를 쳤던 스포츠는 레슬링과 권투야. 일본 레슬러에게 가혹하게 당하다가 마지막에 박치기 한 방으로 상대를 거꾸러트리는 김일은 그 시대 최고의 영웅이었어. '헝그리 정신'으로 무장한 권투선수들의 활약은 가난에 시달리면서도 희망을 잃지 않았던 한국인의 표상이었지. '대한의 투혼'이라 불린 수많은 선수들이 화려하게 등장하고, 또 지는 별이 되어 사라졌어. 염동균이나 유제두 같은 권투선수들은 박지성이나 김연아 만큼 대단한 그 시대의 영웅들이야.

그 가운데 홍수환이 있었어. 그가 사각의 링 위에서 사전오기의 투혼을 발휘하며 두 번째로 챔피언 벨트를 차지했던 경기는 한국 권투사의 백미라고 해도 과언이 아니지. 홍수환은 '지옥에서 온 악마' 헥토르 카라스키야와 맞서 3회까지 네 번 다운을 당한 뒤에도 다시 일어나 상대방을 KO시켰지. 그가 경기를 벌였던 곳이 중앙아메리카 파나마야. 홍수환이 남아공에서 처음 챔피언 벨트를 차지할 때 링 위에서 외쳤던, "엄마 나 챔피언 먹었어"라는 멘트에는 배고프고 힘겹던 시절의 기억이 고스란히 담겨 있어.

시시콜콜한 지난 이야기를 왜 오래 하는지 궁금할 거야. 내가 이 이야기를 하는 것은 과테말라의 오늘이 배고픔을 안고 살았던 한국의 1970년대와 비슷해서야. 흑백텔레비전 한 대에 온 동네 사람들이 매달리거나 잡음이 들끓는 라디오를 움켜쥐고 가슴 졸이며 권투 중계를 들어야 했던 그 시절의 모습을 지금 이곳에서도 볼 수 있어.

우기에도 불구하고 간만에 햇살이 쨍한 오후였어. 시장의 허름한 인디오 식당에서 점심을 먹고 나오다 그만 홍수환을 떠올렸어. 좌판의 물건들을 구경하며 어슬렁어슬렁 걷는데, 핫도그를 파는 가게에 걸어놓은 14인치 텔레비전 앞에 수십 개의 눈동자가 박혀 있는 거야. 텔레비전에는 세계 축구의 중심이라 할 수 있는 스페인 프로리그, 그것도 '지구 방위대'라 불리며 구름 같은 관중을 몰고 다니는 레알 마드리드와 바르셀로나의 경기가 방영되고 있었어. 이 경기를 보려고 사람들이 몰려든 거야. 당신도 알겠지만 남미는 축구하면 자다가도 벌떡 일어나는 사람들이잖아. 오죽하면 1978년 과테말라와 이웃한 온두라스와 엘살바도르가 축구경기를 하다가 전쟁을 벌였겠어. 밥은 굶어도 축구는 해야 직성이 풀리는 게 라틴 아메리카거든. 그런 사람들이 세기의 빅 매치라 할 수 있는 경기가

중계되고 있으니 발길을 옮길 수가 있겠어? 구두닦이 통을 들고 있는 열 살쯤 되어 보이는 꼬마와 일요일을 맞아 장을 보러온 시골 농부, 화톳불에 구운 옥수수를 입에 물고 있는 중년의 아저씨, 심지어 핫도그를 팔고 있는 점원까지 텔레비전에 눈이 붙박혀 있는 거야. 그래도 이들은 사정이 조금은 나은 편이지. 자리를 비울 수 없는 좌판의 상인들은 조그만 라디오를 무슨 보물단지나 되는 것처럼 끌어안고 축구 경기를 청취하고 있는 거야. 그 모습을 보는 순간 빠르게 되돌린 시계처럼, 과거로 가는 타임머신을 타고 1970년대의 한국으로 돌아간 느낌이었어.

'마야문명의 심장'이라 불리는 나라 과테말라. 참 순박한 마야의 후손들이 사는 땅이지만 가난은 이들에게 벗어날 수 없는 굴레처럼 씌어져 있어. 안티구아는 그래도 사정이 나은 편이야. 세계 각국에서 몰려온 여행자들 덕택에, 그들이 뿌리고 가는 달러로 다른 곳보다 윤택한 삶을 누리고 있어. 하지만 안티구아에서도 몇 걸음만 벗어나면 사람살이는 한없이 고달파. 아직도 전기가 들어오지 않는 곳이 지천이고, 끓이지 않고서는 마실 수 없는 물뿐인 마을이 많아. 교통편이 없어 장이라도 한 번 보려면 몇 시간을 걸어야만 하는 고지대의 인디오도 숱해.

며칠 전 산골 마을로 봉사활동을 떠나는 유럽 친구들을 따라 나섰던 적이 있어. 유럽의 친구들은 일주일치 먹을 식량과 물, 침낭을 싸들고 산길을 꼬박 2시간을 걸어갔어. 고개를 넘어서자 가파른 산비탈에 집들이 촘촘히 박혀 있는 마을이 보였어. 녹음이 우거진 깎아지른 산비탈로 가르마 같은 길이 이어지고, 길 양 옆으로는 그들의 모진 목숨을 이어주는 옥수수밭이 당장이라도 흘러내릴 듯이 걸려 있었어. 한숨부터 나오는 풍경이었어. 집은 또 얼마나 초라했는지 몰라. 집의 벽을 옥수숫대를 엮어서 만들어 놓았다면 믿을 수 있겠어? 그것도 사람 둘만 들어가도 비좁은, 화장실만 한 크기라면 말이야. 방바닥은 거적 몇 장 깔아놓은 게 전부야. 하지만 그게 현실이지. 과테말라 원주민의 절반이 이런 산간 오지마을에 살고 있어. 이런 순간들과 맞닥뜨릴 때마다 신은 평등하지 않다는 것을 새삼 느껴. 태어나는 순간부터 고통스런 삶과 직면하게 되는 사람들. 그들에게 나 같은 여행자는 얼마나 사치스런 인간으로 보일까.

마야의 후손들은 키가 아주 작아. 남자나 여자나 할 것 없이 150cm를 넘는 경우가 거의 없어. 목도 거의 없다시피 할 정도로 얼굴과 어깨가 붙어 있어. 유럽에서 온 백인과 원주민 사이에서 태어난 혼혈인 메스티소들은 그나마 체구가 조금 더 커. 얼굴에도 궁한 표정이 덜하고. 하지만 순수한 혈통의 마야인들은 난쟁이처럼 작아. 정말 하나같이! 차라리 덩치라도 컸으면 조금은 덜 안타까웠을 거야. 다섯 살 난 아이가 이제 돌 지난 아이를 안고 있거나, 난쟁이처럼 키 작은 여인이 자신의 몸보다 두 배나 큰 옥수숫단을 이고 걸어가는 모습을 보면 눈길을 어디에 둬야 할 지 모르겠어.

가난한 나라일수록 범죄가 들끓어. 특히 여행자를 노리는 수많은 눈길들이 어두운 도시의 골목에 가득해. 그러나 그들을 미워할 수만은 없어. 범죄는 그들의 삶을 지탱해 주는 유일한 희망이기도 해. 콜롬비아에서 마리화나를 재배하는 농부들이 외쳤던 절규가 지금도 생생해. '우리도 마리화나가 인간에게 얼마나 해로운지 안다. 그러나 누가 우리에게 빵을 줄 것인가.' 도둑질과 강도 같은 범죄보다 무서운 것은 밥을 달라고 아우성치는 아이들의 간절한 눈망울일 거야. 당장 허기로 고꾸라질 운명에 처한 이들이 선택할 수 있는 길은 많지 않아. 우리는 고단한 제3세계의 현실이 범죄를 키우고 있다는 사실을 직시해야 해.

안타까운 것은 60년 전 체 게바라가 과테말라에서 목도한 현실이 지금과 별반 다르지 않다는 거야. 그처럼 긴 시간의 간극—그 사이 제1세계는 과학기술의 눈부신 발달로 눈이 핑핑 돌아갈 만큼 변했다—이 무색할 만큼 제3세계의 궁핍은 지금도 그들 삶을 짓누르고 있어. 라틴 아메리카의 몇몇 나라들에서 인디오가 대통령이 되고, 좌파정권이 들어섰지만 민중들의 삶의 질을 끌어올리기는 아직까지 힘에 부쳐. 여전히 그들의 삶은 미국의 패권주의와 다국적 기업의 착취, 과거의 향수에 젖어 있는 부자들의 횡포에 눌려 있어.

오늘은 너무 우울한 이야기를 한 것 같아. 사실 가난하다는 것을 빼면 이처럼 아름다운 나라도 드물 거야. 달 속에서 토끼의 형상을 찾아내고, 수만 년 전의 날짜까지 간단하게 계산해 냈던 마야인들의 예지와 슬기가 가득한 나라야. 색동저고리처럼 곱고 화려한 옷을 입고, 계절마다 한바탕 신나게 축제를 벌이는 사람들이 사는 나라. 다음에는 마야인들의 신비로운 신화와 전설에 대해서 들려줄게.

나의 아미고스

　　아마 라틴 아메리카에서 가장 많이 듣는 말이 올라(안녕)와 아미고(친구)일 걸? 아침에 만나는 사람은 모두 올라를 외쳐. 보다 정중한 표현이 있지만 대부분 올라로 인사를 대신해. 그 다음이 아미고야. 이곳에서 만나는 사람들은 누구나 아미고야. 하다못해 거리에서 동냥을 하는 이도 외국인을 보면 우선 아미고를 외친 후 한 푼을 호소해. 구두 닦는 통을 들고 다니는 아이들이나 기념품 가게의 점원들도 무조건 아미고를 외쳐. 그들 모두가 나의 친구이지만 이번에는 스페인어 학원에서 만난 '아미고스'에 대해 이야기를 할게.

　　지난 번 편지에도 썼지만 안티구아는 라틴 여행의 베이스캠프와 같은 곳이야. 이곳은 스페인어를 배우려는 여행자들의 눈높이에 맞게 모든 게 완벽하게 갖추어져 있어. 라틴 아메리카에서 가장 저렴하게 스페인어를 배울 수 있는 곳이기도 하고. 이 덕분에 거리는 언제나 스페인어를 배우려는 젊은 배낭족들로 붐벼. 아침에 학원으로 가다보면 광장에서 큰 배낭을 앞뒤로 둘러맨 채 어슬렁거리는 젊은이들을 볼 수 있어. 그들은 짧게는 이주일, 길게는 몇 개월씩 이곳에 머물면서 스

페인어를 배우기로 작정하고 오는 배낭여행자들이야.

스웨덴에서 온 '나'자 돌림의 세 아가씨가 있어. 하나, 예나, 레나는 이제 갓 고등학교를 졸업한 풋내기 아가씨들이야. 하지만 마음만은 결코 어리지 않아. 이들은 여행을 떠나기 전에 아르바이트를 해서 여비를 모았어. 또 여비와는 별도로 오지의 아이들에게 줄 약과 학용품 살 돈을 따로 마련했어.

세 아가씨는 얼마 전 전기도 없고, 버스도 없는 오지마을을 찾아가 일주일간 봉사활동을 하고 왔어. 이 아가씨들이 오지마을을 찾아가던 날 짐이라도 들어주려고 동행했어. 세 아가씨들이 꼬박 2시간이 걸리는 가파른 산길을 일주일치 식량과 물을 짊어지고 올라가는 모습이 얼마나 자랑스러웠는지 몰라. 물병 몇 개 날라준 것밖에 달리 도와줄 수 없는 내 처지가 미안하기만 했어.

독일에서 온 치카라는 친구는 에콰도르에서 무려 1년 동안 봉사활동을 했다고 했어. 아직도 봉사활동에 대한 미련이 남아 안티구아를 찾아온 거야. 이야기를 할 때마다 조금은 과장된 표정—그러나 너무 귀여워 모두가 그녀를 좋아해—을 짓는 이 친구는 현지인만큼 스페인어를 잘 해.

덴마크에서 온 안나라는 친구와 과테말라시티의 한 요양원을 찾아간 적이 있어. 이 요양원은 에이즈에 감염된 아이들을 위한 곳이야. 40여 명의 아이들이 2층도 아닌 3층 침대에서 생활하며 치료를 받고 있었어. 병실을 둘러볼 때부터 눈자위가 붉어졌던 안나는 그 아이들 가운데서도 가장 어린, 그러나 병세가 가장 심한 아이를 보듬어 안고는 울기 시작했어. 이제 스무 살 난 이 친구는 마치 그 아이의 엄마나 되는 듯이 한참을 목놓아 울었어. 아이의 입에 사탕을 넣어주고 돌아서면서도 그녀의 울음은 그치지 않았어.

이들 외에도 봉사활동을 하거나 계획하고 있는 친구들은 무수히 많아. 그들에게 남을 위해 무엇인가를 한다는 것은 일상처럼 보여. 그렇다고 놀 줄 모르는 것도 아냐. 여행자들이 몰리는 바에서는 매일 밤 그들을 볼 수 있어. 남의 시선 같은 것은 아랑곳하지 않고 서툰 솜씨로 살사를 추고, 맥주를 즐겨. 이때 보면 종로나 압구정 로데오 거리에서 마주치는 한국의 젊은이들과 다를 게 없어. 하지만 그 속내는 판이하게 달라. 그들은 다양한 체험을 통해 인생의 행로를 개척하고 있으니까.

프랑스에서 온 루이 두크라는 친구는 수업이 끝난 후에는 하숙집 밖으로 안 나와. 이 친구는 영어를 할 줄 몰라. 스페인어는 제법 했지만 밖에서는 대부분 영어로 대화를 하기 때문에 늘 외톨이 신세야. 그래서 아예 문밖 출입을 안 해. 나와 같은 집에 머물고 있는 일본인 친구 마츠히로도 마찬가지야. 이 친구는 영어는 물론 스페인어도 한참을 배워야 해. 그러나 하와이에서 온 지미가 그냥 놔두지 않아. 혼자 무엇을 하기가 심심한 지미는 항상 마츠히로를 데리고 가려 해. 이 친구는 어쩔 수 없이 따라 나서지만 지미와 함께 하는 시간을 지옥에서 보내는 시간보다도 힘들어 해. 며칠 전에 이 친구가 지미와 함께 바에 갔다 돌아온 후 하소연을 했어.

"요 땡고 알레르히아 꼰 잉글레스. 나는 영어만 들으면 알레르기가 생겨"

나와 같은 하숙집에 머물고 있는 지미는 우리 학원에서 가장 늙은 학생이야. 그는 황홀한 요트 여행을 준비하기 위해 이곳에 왔어. 올해 48살인 이 중년의 사내는 72살 난 아버지와 함께 3개월 간 요트를 타고 카리브 해를 여행할 예정이야. 도미니카와 코스타리카 등 카리브 해에 산호초처럼 떠 있는 섬들을 누비는 계획을 짜고 있어. 그곳은 모두 스페인어

권이라 스페인어가 필수거든. 그래서 그 늦은 나이에 스페인어를 배우는 거야. 스포츠 바에서 맥주를 마시며 미식축구 보는 것을 즐기는 이 친구는 사실 좀 불량한 학생이야. 늙은 아버지 보고 스페인어를 배우라고 할 수 없어 내키지 않는 발길을 한 것 같아.

아참, 마츠히로에 대해서 몇 가지 더 이야기 할게. 이 친구는 전형적인 일본의 젊은이야. 대학을 졸업한 후 단 한 번도 제대로 된 직장을 다녀본 적이 없어. 일본의 젊은이들이 선호하는 파트타임으로 일하면서 여행경비를 마련했어. 몇 달 일하고 또 몇 달은 여행을 떠나는 식으로 사는 거야. 일본의 물가가 워낙 비싸기 때문에 오히려 해외에 체류하는 게 더 경제적이라는 게 이 친구의 말이야. 이 친구는 맥가이버로 불려. 워낙 꼼꼼하게 여행준비를 해왔기 때문이야. 그의 배낭에는 별의별 게 다 있어. 이 친구에게는 필름, 디지털, 일회용 등 4대의 카메라에 비상용으로 카메라폰까지 있어. 혹시 카메라를 분실할 지도 모른다는 생각—도대체 얼마나 많은 추억을 사진에 담아가려는지—에 다 챙겨온 거야. 이 친구는 배낭에 달린 지퍼 하나하나마다 열쇠를 달았고, 새끼손가락보다 작은 손전등, 배낭을 의자에 묶어둘 수 있게 만든 자물쇠—끝을 잡아 뽑으면 쇠줄이 나오는 특수한 자물쇠—, 인스턴트 식량 등 없는 게 없어. 이 친구의 꿈은 페루 마추픽추에 가는 거야. 그곳에만 가면 행복할 것 같대. 이 친구는 그곳을 오를 때 쓰기 위해 등산화와 지팡이를 가져 왔어. 그러나 이것들은 한 번도 사용하지 않고 고이 모셔만 두고 있어.

스웨덴에서 온 다니엘라는 기가 막힌 사연을 가진 친구야. 이 친구는 바로 안티구아에서 태어나 세 살 때 스웨덴으로 입양됐어. 고등학교를 졸업한 후 친엄마와 가족을 만나기 위해 어렵게 돈을 마련해서 이곳으로 온 거야. 하지만 이 친구의 혈육 찾기는 쉽지 않았어. 친어머니가 자신이 태어난 곳에서 몇 번 이사를 갔기 때문이야. 어렵게 수소문한 끝에 과테말라시티에 살고 있는 오빠의 주소를 알아냈어. 하지만 이 친구는 막상 오빠의 주소를 알고 나자 재회를 망설였어. 그들이 받을 정신적 충격과 또 자신이 감당해야 할 몫을 걱정했어. 어쨌든 그녀는 지금껏 스페인어만 배우고 있어. 어쩌면 나는 그녀가 가족을 만나는 것을 보지 못한 채 이곳을 떠나게 될지도 몰라.

치킨버스 의자놀이

　과테말라를 여행하는 이들에게 로컬버스를 타는 일은 색다른 체험이야. 이곳에서는 '치킨버스'라 불러. 누가 붙여준 이름인지는 알 수 없지만 현지인도 배낭여행자도 모두 그냥 치킨버스라 불러. 치킨버스는 미국에서 스쿨버스로 사용하던 중고차를 수입해서 만들어. 엔진룸이 앞으로 툭 튀어나온 노란색 버스 말이야. 이 버스의 내부에 손잡이와 선반을 달고 지붕에는 짐을 실을 수 있게 카고를 달아. 그리곤 외관을 화려하게 도색하면 과테말라의 버스로 거듭나는 거야.

　이 버스는 본래 한 의자에 둘이 앉게 되어 있어. 하지만 과테말라에서는 셋이 앉아야 해. 가난한 나라다보니 차를 가진 이들은 아주 드물어. 또 기차와 같은 다른 교통수단도 없어. 따라서 대부분의 사람들이 치킨버스를 이용하기 때문에 버스는 언제나 만원이야. 그러나 한 의자에 둘이 앉으면 그 많은 이들을 다 태울 수가 없어. 그래서 셋이 앉게 한 거야. 한 의자에 셋이 앉으면 통로에 앉은 사람은 엉덩이의 절반만 의자에 걸치게 돼. 그래도 그들은 사정이 나은 편이야. 그들 사이에 끼어 통로에 서서 가야 하는 사람을 생각해 봐. 여기가 끝이면 이야기가 조금 싱거워지겠지? 그렇게 한 의자에 셋씩 앉고 통로에 한 사람이 서 있으면 정말 '닭장'처럼 꽉 차. 그러나 그 사이를 용감하게 뚫고 다니는 사람이 있어. 운전사보다 더 중요한 차장이야. 그는 차비를 걷기 위해 언제나 엉덩이를 들이밀 준비를 하고 있어. 때로는 사람들로 가득 들어차 도저히 뚫고 들어갈 수 없을 것 같은데도 그는 용케 헤집고 다니며 차비를 걷어.

이것은 배낭여행자들에게 아주 흥미로운 체험-몇 시간을 가야 하는 장거리 여행이 아니라면-이야. 특히 치킨버스에서 차장은 일당백의 역할을 담당해. 그는 한시도 앉는 법이 없어. 물론 앉을 자리도 없지만. 과테말라에는 버스 승차장이 따로 없어. 도시나 시골이나 손을 흔들면 버스가 서. 따라서 차장은 버스가 달리는 순간에도 도로가의 사람들을 유심히 관찰해야 해. 버스를 타려는 사람을 발견하면 그는 차가 멈추기 전에 재빨리 뛰어 내려. 손님이 짐을 가지고 있으면 받아서 버스 안으로 밀어 넣고 손님을 태워. 그런 다음 버스가 출발해서 가속을 할 때야 달려와서 버스에 올라. 만약 뒤편에 앉은 사람이 내리겠다고 의사표현을 할 때도 마찬가지야. 차가 멈추기 전에 뛰어내려 버스의 뒷문을 열어주는 것도 그의 몫이야. 앞에서도 이야기했지만 돈을 받으러 다니는 것도 보통

일은 아니야. 이곳에서는 차를 탈 때 돈을 내지 않아. 우선 빨리 태우고 출발하는 것이 급선무이니까. 그런데도 차장은 용케 새로 탄 사람과 이미 돈을 낸 사람을 정확히 구별해서 차비를 받아. 버스가 달리는 중에도 앞문을 닫는 적이 없어. 버스가 곡예를 하듯 달릴 때도 차장은 손잡이를 잡고 몸의 절반은 밖으로 내민 채 누가 버스를 타려는지 살펴. 그를 보고 있으면 혼자서 모든 배역을 소화하는 모놀로그 연극을 보는 느낌이야.

차장은 때로 스턴트맨도 자처해. 차 지붕 위에는 시장을 보고 온 이나 보러 가는 이들의 커다란 보따리가 가득해. 누군가 중간에 이 짐을 가지고 내리기를 원하면 그는 달리는 차에서 창틀을 잡고 위로 올라가. 그리곤 그 사람의 짐을 정확히 찾아내서 내릴 준비를 해. 버스가 멈추면 그는 재빨리 짐을 밑으로 내리고 다시 버스를 출발시켜. 그 짐을 꺼내느라 허비해야 하는 시간을 최대한 줄이기 위해 이렇게 달리는 차에서 곡예를 하는 거야. 이 위험천만한 일을 그는 하루에도 수십 번씩 해야 해. 그가 짐을 내리려고 버스 지붕으로 올라갔을 때 버스가 급정거를 하거나 혹은 급하게 휘어진 길모퉁이를 돌아간다면 그는 지옥의 문턱까지 갔다 오는 셈이야.

그 치킨버스를 타고 치치카스테낭고Chichikastenago를 갔어. 안티구아에서 3시간을 가야 하는 이곳은 중남미에서는 가장 큰 원주민 장이 서는 곳이야. 고산지대에 숨어 살다시피 하는 마야인들은 매주 일요일 이곳에 모여 생필품을 팔고 사. 사실 치치카스테낭고는 소문을 듣고 찾아오는 외국인이 많아지면서 지금은 오히려 대단위 민예품시장처럼 퇴색된 분위기야. 마야의 전통 옷차림을 하고 시장 골목을 누비며 손수 짠 천을 파는 이들에게서는 마야인 본래의 순수한 모습이 느껴지지 않아. 닳고 닳은 상인의 느낌이 나. 그래도 간신히 사람 하나 빠져 다닐 수 있는 비좁은 골목을 가득 채운 민예품 가게들과 강렬한 원색의 천을 들고 골목을 휩쓸고 다니는 마야인들의 모습은 인상적이야.

시장 가운데 있는 산 토마스 San Thomas 성당은 전망이 가장 좋은 곳이야. 이곳에서 내려다보면 원주민과 여행자들이 마치 붉은 물결을 이루며 몰려다니는 것 같아. 성당으로 오르는 계단은 꽃을 파는 사람들의 차지야. 이 꽃은 생일과 결혼을 축하하거나 성당에 바치려는 이들을 위한 거야. 항상 무언가가 태워지고 있는 성당 입구 불의 제단은 향냄새로 자욱해. 마야인들이 향을 피우는 방법은 독특해. 바싹 말린 코펄이란 풀을 흔들 향로에 넣고 흔들면 짙은 향기와 함께 연기가 피어나. 마치 대보름날 쥐불놀이를 하는 것처럼 말이야. 자욱한 연기에 파묻혀 성모 마리아에게 기도하는 이런 풍습은 마야인들이 스페인 군대와 함께 온 가톨릭 성직자들에게 개종을 강요받으면서 어쩔 수 없이 선택한 것이야. 수천 년 동안 믿어온 자신들의 신앙을 버릴 수는 없고, 그렇다고 총칼로 위협하며 개종을 강요하는 가톨릭 성직자들의 명령도 거부할 수 없었던 마야인들이 짜낸 묘안이지. 흔들 향로에서 나는 그 향을 맡고 있으면 정신이 아득해져. 마치 마야의 오랜 정신 속으로 빨려 드는 느낌이야.

치치카스테낭고에서 여행자들을 제외한 순수한 마야인들은 옥수수나 쌀, 파 등 생필품을 팔고 사. 그들은 보기만 해도 아찔한 등짐을 지고 비좁은 시장 골목을 빠져 나가. 시장이 끝나는 골목에는 그들을 태우고 산골의 마을로 돌아갈 트럭들이 대기하고 있어. 깊은 산에 사는 이들에게 트럭은 유일한 교통수단이야. 트럭의 짐칸에 올라탄 이들은 장 본 것을 다리춤에 끼고 하나같이 아이스크림을 먹어. 앞니가 뭉텅 빠진 할머니도 예외는 아니야. 문명의 혜택을 거의 받지 못하고 사는 이들에게 아이스크림은 장날만 맛볼 수 있는 최고의 군것질거리거든. 사는 일이 각박해도 아이스크림 하나에 행복해 하며 티없이 맑게 웃는 사람들, 그들이 마야인이야.

고작해야 서양인의 가슴팍에도 오지 않는, 키가 작은 마야인들은 하나같이 비슷한 문양의 화려한 색동옷을 입고 있어. 이들은 이 옷을 위필Wipil이라 불러. 위필을 진열해 놓은 상점들은 무지개 빛깔보다도 곱고 선명한 천으로 가득해. 강렬한 원색이 조화를 이룬 위필을 보면 '색채의 마술'이 떠올라. 위필은 부족마다 고유의 문양이 있어. 마야인들은 위필을 짤 때 씨족이나 혈족에 대한 정보가 담긴 암호화된 문양을 새겨. 마야인들은 위필을 입은 사람만 보아도 그가 어느 부족 사람인지 알아. 위필은 우리 조상들이 삼베옷을 짜던 베틀과 흡사한 도구를 이용해 만들어. 숄더처럼 어깨에 걸치는 위필을 하나 짜는 데는 꼬박 일주일이 걸릴 만큼 정성과 손이 많이 가. 위필은 과테말라의 물가에 비하면 아주 고가야. 하지만 그들의 노동에 견주어보면 당연한 값이야.

마야인들의 틈바구니에 끼어 몇 시간 동안 시장을 돌았어. 가는 곳마다 길을 막고 위필과 목걸이, 시발바라 불리는, 마야인들이 고대부터 지하세계의 상징물로 여겼던 마스크를 내미는 사람들 통에 조금은 피곤했어. 하지만 그들은 불쾌할 정도로 물고 늘어지지는 않아. 상대방이 '노라고 말하면 더 이상 귀찮게 하지 않아. 그들이 하루에 얼마나 많은 위필을 파는지는 몰라. 어쩌면 단 하나의 옷감도 팔지 못하고 장날을 마감할 수도 있을 거야. 자본의 논리를 따르자면 그것은 참 승산 없는 장사라고 할 수 있어. 하지만 이들에게 장은 생활의 일부야. 수천 년 전부터 그들은 일주일에 하루쯤 이렇게 모여 생필품을 사고팔며 간만에 만나는 이들과 이야기를 나누었을 테니까. 며칠 밤을 새우며 짠 옷감은 그저 장을 보러가는 구실에 불과할지도 몰라. 설령 옷감 한 장 팔지 못했을 지라도 오늘 하루 반가운 얼굴을 만나고, 먼 곳의 소식을 들었으면 그만이라 여길지도 몰라. 그들에게 왜 그렇게 사냐고 묻지는 마. 그저 '그렇게 살고 있구나'라고 느끼면 돼. 그게 고달픈 삶을 하루하루 견디며 살아가는 이들에 대한 작은 배려일 테니까.

2
★ 마야의 혼

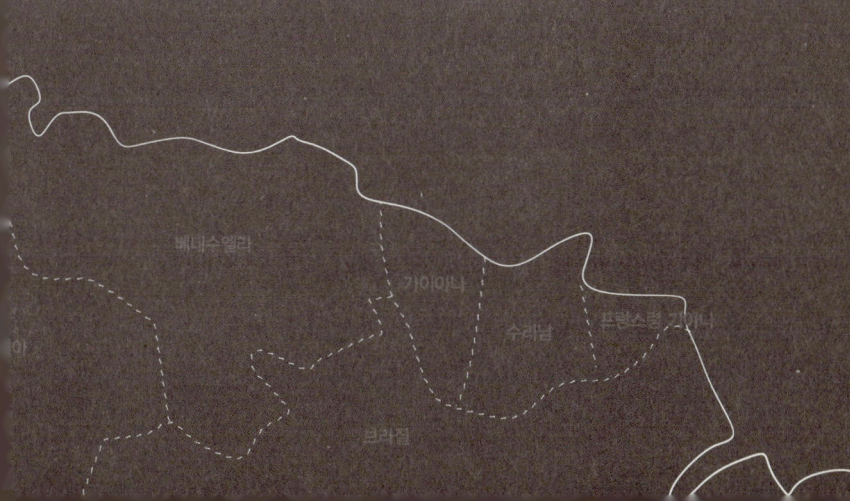

★

1954년 봄. 과테말라에서 미국의 사주를 받은 군사 쿠데타가 일어난다. 불법 체류자 신세가 된 채 게바라는 화산이 불을 뿜는 산악지대에 자리한 아티틀란 호수로 숨어든다. 호숫가에서 하룻밤을 보내며 채 게바라는 자신의 운명과 연인 일다와의 미래에 대해 생각한다.

잠자는 화산 속 성자의 마을

얼마나 잠을 잤는지 몰라. 아침 햇살이 창문 가득 들어오는데도 몸이 움직여지질 않아. 안티구아에서 3주 전에 건전지를 교체한 시계는 죽어 있어. 날이 환하게 밝았고, 누군가 또 짐을 꾸려서 떠나고 있었지만 알 수 없는 시간이야. 아니 알고 싶지 않아. 그저 다시 죽음처럼 깊은 잠을 자고 싶을 뿐이야.

이틀 동안 숨 돌릴 겨를도 없이 바쁜 시간을 보냈어. 안티구아를 떠나 아티틀란 호수에 접한 산 페드로(San Pedro) 마을까지 왔고, 어제는 산 페드로 산을 올랐어. 넉넉하게 서너 시간이면 충분할 것 같던 트레킹은 내가 생각했던 것보다 몇 곱절은 고됐어. 그 바람에 하루를 보낸 뒤에도 시체처럼 침대 위에 널브러져 있는 거야.

사실 산을 오르는 고행의 대가는 아주 달콤했어. 해발 3,000m가 넘는 산에서 내려다본 아티틀란 호수는 홀딱 반할 만큼 아름다웠어. 남해 금산에서 내려다보던 남해바다의 풍치만큼이나 매력적이야. 따사로운 햇살이 퍼지는 호수 위로 소리도 없이 배들이 오가고, 이웃한 산티아고 산에는 뭉게구름이 피어올랐어. 4시간을 올라간 산은 차라리 절벽이라 불러도 좋을 만큼 가팔랐으니 그 전망이 오죽하겠어?

아티틀란, 이름만큼이나 아름다운 호수야. 이곳은 먼 옛날 화산 폭발로 만들어졌어. 가장 긴 쪽의 지름이 30km에 이를 만큼 넓어. 백두산 천지의 열 배쯤 크기라고 생각하면 될 거야. 그 파란 호수를 감싸고 산들이 둥실둥실 솟아 있어. 아티틀란 호수가 만들어진 후에 폭발한 기생화산들이야. 호숫가의 비탈진 언덕에는 마야의 열두 마을이 둥지를 틀었어. 마을의 이름은 예수의 열두 제자 이름에서 따왔어.

이곳이 이름난 이유는 단지 풍경 때문만은 아냐. 해발 1,500m에 위치한 호수의 특별한 날씨 때문이야. 저지대 과테말라는 찌는 듯한 무더위와 우기에는 주구장창 퍼붓는 비로 고생스럽지만 여기는 전혀 달라. 우기에도 해가 쨍할 때가 많아. 겨울에도 맑고 서늘하고 건조해. 한낮은 긴팔 옷이 필요 없을 만큼 햇살이 좋고. 휴식이란 이름이 제대로 어울리는 곳이야. 영국 작가 올더스 헉슬리는 1930년 이곳을 찾았다가 신비로운 호수에 반해 '세상에서 가장 아름다운 호수'라고 극찬을 아끼지 않았어. 체 게바라도 두 번이나 이 호수의 품에 안겨 혁명가의 꿈을 벼렸어. 어디 올더스 헉슬리와 체 게바라 뿐이겠어. 누구라도 이곳을 찾으면 마

음의 짐을 다 풀어놓고 싶을 만큼 호수는 한껏 아름다워. 수많은 여행자들이 이곳을 찾고, 더러는 지상의 파라다이스에 반해 떠나지 못하고 눌러앉는 이유야. 호숫가 열두 마을에는 현지인과 결혼해서 정착하거나 몇 년씩 게스트하우스를 차지하고 있는 히피들이 많아. 밤에 산 페드로의 골목을 거닐다 보면 초콜릿 향처럼 몽롱한 마리화나 연기가 자욱해. 이곳에서는 푼돈으로 마리화나를 살 수 있어. 현대문명에서 도망쳐 온 히피들은 그렇게 또 자신의 영혼을 마리화나를 피우면서 소진해.

아티틀란 호숫가 마을들은 하나같이 가파른 산비탈에 자리하고 있어. 호수를 감싼 분화구는 어느 곳을 막론하고 하나같이 가팔라. 집들은 비탈을 따라 다랑논처럼 층을 이루었어. 그 옛날 성북동이나 신림동 달동네처럼 말이야. 그곳에 사는 마야의 후손들이 어떻게 삶을 꾸려가는지를 가늠하기란 쉽지 않아. 저 가파른 산비탈에서 먹을거리를 찾는다는 것은 거의 불가능해 보이거든. 이들의 모진 목숨을 이어줄 수 있는 것은 호수에서 건져내는 물고기와 산비탈에 힘겹게 일군 옥수수가 전부야. 지금이야 여행자들과 히피들이 뿌린 돈을 줍는다지만 그 이전에는 참 고달픈 삶이었을 거야. 호숫가에 자리한 마을은 사정이 좀 나은 편이야. 몇몇 마을은 산 중턱에 비둘기 둥지처럼 안겨 있어. 물론 도시와 연결된 길도 없어. 아티틀란 호수에서 배를 타고 오가는 것이 유일한 교통수단이야. 이들은 배를 타고 들어 와서도 다시 산길로 한 시간쯤 걸어 올라가야 해. 그곳에는 당연히 전기도 없고, 수도도 없어. 어두워지면 자고, 물은 계곡에서 받아먹는 삶을 살고 있어.

당신이 이 마을들을 돌아보았다면 왜 그곳에 사느냐고 묻고 싶을 거야. 차라리 동냥을 하거나 거적을 덮고 살아도 도시에서 사는 게 나을 것이라고 여길지 몰라. 하지만 마야의 원주민들에게 삶은 선택하는 게 아니라 운명 지어지는 것이야. 이곳이 삶터로 적당해서 눌러앉아 사는 게 아니라 기억조차 할 수 없는 먼 옛날부터 그들의 조상이 터전을 잡고 살아온 땅이기에, 그 땅을 거역하지 않고 살고 있는 거야. 그들이 무한한 시간 앞에 인간은 '시간의 짐'을 지고 사는 유한한 존재라는 것을 숙명으로 여겼듯이.

산 정상에서의 달콤한 시간은 잠시, 하산이란 고행이 기다리고 있었어. 가파른 내리막길은 바라보는 것만으로도 두려웠어. 체중에 배낭까지 더해진 무게가 고스란히 허벅지와 무릎에 쏠릴 것을 생각하면 암담했어. 마을에 닿으면 몸을 가누지 못할 만큼 다리가 후들거릴 거야. 물통에는 달랑 한 모금의 물만 남아 있을 뿐이고. 마을로 내려가면 저 호수의 물을 다 마셔버릴지도 모른다고 생각을 하며 걸음을 옮겼어.

평화를 길어내는 깊은 우물

인도 사람들은 갠지스 강과 삶의 시작과 끝을 같이 한다고 해. 그들은 우주로부터 생명을 받고 지구별로 여행을 올 때도 그 강물을 따라 오고, 한 점 재가 되어 다시 우주로 머나먼 여행을 떠날 때도 그 강물을 따라 흘러간다고 믿어. 갠지스 강물로 몸을 닦는 것으로 하루를 열고, 노을이 강물에 실려 올 때 그 물에 손을 씻으며 하루의 문을 닫아. 그 물로 밥을 짓고, 그 물로 갈증을 달래고, 그 물로 빨래를 해. 인도 사람들에게 갠지스 강은 삶을 지탱시켜주는 어머니와 같은 존재야.

산 페드로 사람들에게 아티틀란 호수는 갠지스 강만큼이나 소중해. 그들의 삶은 아티틀란 호수로부터 시작돼. 태초에 마야의 조상들이 이 땅에 생겨났을 때부터 이 호수는 그들의 삶과 함께 했어. 마야인들은 이 물로 밥을 짓고, 이 물로 몸을 씻고, 이 물에서 나는 물고기로 허기를 달랬어. 분화구의 가파른 비탈에 자리한 마을의 한없이 비정한 삶도 호수로 눈을 돌리면 너그럽고 평화로워져. 이 바다 같은 호수는 단 한 번도 노하거나 성을 낸 적이 없어. 바람이 드세면 잠시 흔들릴 뿐 언제나 고요해. 그저 바라보는 것만으로도 마음의 안식을 주는 정갈함이 배어 있어. 마치 인간의 삶을 관장하는 하늘의 신을 향해 지구별이 마련해 놓은 정한수를 보는 느낌이야.

산 페드로의 아침은 어부들이 열어. 분화구 위로 푸르게 여명이 밝아오면 어부들은 자신의 키보다 조금 더 큰 배를 타고 호수로 가. 밤새 그물에 걸린 고기를 걷으러 가는 길이야. 혼자 누우면 관처럼 맞춤할 것 같은 조각배 위에서 노를 젓는 어부의 모습은 그림처럼 아름다워. 몸의 중심이 조금만 흐트러져도 뒤집힐 것처럼 위태로운 배 위에서도 그들은 아주 숙련된 솜씨로 노를 저어. 그들이 어슴푸레한 어둠을 걷으며 호수 속으로 흘러들어갈 때쯤 몇몇의 아낙들은 아침 짓는 연기가 모락모락 피어나는 마을을 빠져나와 호수로 향해. 그들은 빨래를 하러 가는 길이야. 빨래는 이들에게 밥줄이야. 게스트하우스에서 나오는 빨래를 해주고 돈을 받아. 옥수수를 키우는 것 말고는 먹고 살 만한 것이 거의 없는 곳이라 이들에게 빨래는 아주 중요한 생계수단이야.

빨래터는 호숫가에서 물속으로 몇 걸음 걸어 들어가게 되어 있어. 물속에 나무를 짜서 만든 공동 빨래터가 있거든. 아낙들은 밤새 식어 살갗에 닿으면 섬뜩한 느낌이 나는 물속으로 걸어 들어가. 그리고는 허리춤

까지 차오르는 물속에서 새벽부터 빨래를 해. 그들이 침대보며 커튼 등을 비비고 헹구느라 한바탕 땀을 흘리고 나면 그때서야 게으른 해가 분화구 위로 머리를 내밀어. 감색 노을은 호수를 가득 채우고, 그물을 걷는 어부들과 빨래를 하는 아낙들만 노을 속에 까만 점으로 남아. 이때쯤 부지런한 사내는 채마밭을 둘러보고 연둣빛 싱싱한 상추를 한 움큼 뜯어서 호수에 씻어. 이 상추는 그들의 아침 밥상에 오르거나 시장의 좌판에 놓일 거야. 빨래를 끝낸 아낙들은 옷을 훌훌 벗고 호수에서 목욕을 해. 땀으로 번들거리는 하얀 속살을 드러낸 채 빨래를 하던 비누로 비누칠을 한 후 물속에서 몇 번 자맥질을 하면 그것으로 목욕은 끝이야.

오후 햇살이 깊어지면 호수는 아이들 차지야. 학교를 파한 아이들은 모두 호숫가로 몰려와. 마을이 워낙 가파르기 때문에 운동장은 호숫가에 있는 게 전부야. 그마저도 어른들이 축구시합을 할 때가 많아 아이들은 호숫가의 작은 해변에서 놀아. 아이들은 100여 년 전 중국 이민자들이 들여온 연을 하늘 높이 날리거나, 옥수숫대를 세워 골대를 만들고는 플라스틱 공을 차며 공놀이를 해. 공을 차는 해변의 한쪽은 어른 키보다 높은 갈대숲이고, 다른 한쪽은 호수야. 공놀이를 하다 조금이라도 방향이 틀어지면 공은 호수에 빠지고 말아. 그러면 아이들은 모래와 땀으로 범벅이 된 몸으로 호수에 뛰어들어 공을 주워와. 그렇게 해질녘까지 놀다가 선착장에서 한바탕 멱을 감고는 집으로 돌아가. 이때도 빨랫감을 마련한 아낙들은 물속에서 부지런히 빨래를 하고 있어.

해가 점점 이울어 아이들 그림자가 나무만큼 길어질 때쯤이면 갈대숲에서 속삭이는 소리가 들려. 갈 곳 없는 마야의 연인들이 호숫가에서 사랑을 속삭이는 소리야. 그들에게 사랑을 나눌 공간이라고는 호숫가밖에 없어. 바쁠 것 하나없는, 지독한 평화만이 되풀이 되는 호수를 보며 날이 가고 계절이 바뀌듯이, 그들은 태어나고, 놀고, 사랑하고, 늙어가. 오직 분화구 속에 하늘을 가득 담고 들어앉은 호수만 세월이 가도 싱싱한 젊음을 뽐낼 뿐이야.

산 페드로 마을에 날이 저물면 호수 건너의 마을에서 불빛들이 하나둘씩 피어나. 밤하늘에 뿌려놓은 은하수처럼 반짝이는 불빛들은 호수를 오색으로 물들여. 밤하늘에는 언제 솟았는지 알 수 없는 보름달이 둥실 떠 있어. 그 달이 호수를 건너 산 페드로 마을로 올 때면 가끔 개 짖는 소리만 들릴 뿐 인적 끊긴 마을은 침묵에 휘감겨. 그렇게 아티틀란 호수에서 펼쳐졌던 하루가 저무는 거야. 다시 날이 밝으면 어부들과 아낙들은 또 호수로 향할 테고.

당신은 이 끝없는 고요와 평화가 샘솟는 호수에서 생이 다하는 날까지 살라고 한다면 살 수 있을까? 그들처럼 아침저녁으로 부지런을 떨어야 하는 고단한 삶이 아니라도 말이야. 어쩌면 시간을 쪼개고 쪼개서 살아야 하는 우리들에게 너무 긴 평화는 고통일지 몰라. 아티틀란 호수에서 나고 자라고, 호수의 품에 묻힐 마야인이 아니라면, 이 지독한 평화는 너무 버거워. 문명의 사람들에게는 지친 영혼이 잠시 머물 수 있는 쉼터만으로 충분해.

히피들 중에는 아티틀란 호수의 주인 행세를 하려는 자들이 있어. 이들은 이 지독한 평화에 중독되어 때가 되어도 고향으로 돌아갈 생각을 안 해. 몇 년쯤 푹푹 썩다가 더 이상 견딜 수 없을 때야 부스스한 몸을 이끌고 호수를 등져. 그들이 아무리 이곳에 뼈를 묻겠다고 다짐을 해도 이미 그들은 문명에 중독되어 있어. 어차피 떠날 일이면서도 당장은 속세의 굴레를 훌훌 털어버린 자유인이 된 것처럼 행세할 뿐이야. 그러나 마야인들은 알아. 이 지독한 평화를 묵묵히 견딜 수 있는 이들은 오직 자신들뿐이란 것을. 그래도 그들은 불편한 내색도 없이 여행자를 맞아. 누구에게나 먼저 손을 내밀 줄 아는, 가슴이 따뜻한 사람들이야. 그들에게 이곳을 찾아오고, 다시 짐을 꾸려서 떠나는 여행자는 그저 일상이야. 지는 해가 다음 날 아침 호수 위로 다시 솟듯이.

★

1954년 6월 24일, 미군의 폭격으로 엉망이 된 과테말라 시티에서 체 게바라는 일다에게 청혼한다. 일다는 그의 청혼을 받아들이지만 며칠 뒤 잠복 중인 사복경찰에 붙잡혀 그들의 결혼은 다음을 기약해야 했다.

★

1954년 9월 초순. 경찰의 추적을 받던 채 게바라는 다시 아티틀란 호수로 몸을 숨겼다. 그는 그곳에 머물면서 과테말라와 멕시코 등 유카탄^{Ukatan} 반도에서 화려하게 꽃피웠다 연기처럼 사라진 마야라는 문명에 대해 깊이 탐구한다.

마야,
그 신비로운 이름

마야, 이 신비로운 문명에 대해서 당신도 들어본 적이 있을 거야. 고대 라틴 아메리카를 대표하는 문명을 들라면 마야와 잉카, 그리고 아스텍 문명을 꼽아. 물론 이밖에도 수많은 문명이 라틴 아메리카에서 명멸했어. 하지만 라틴 아메리카의 문명들은, 그들이 분명히 한 시대를 풍미했고 문명의 꽃을 피웠음에도 고고학적 성과는 아주 미미해. 우리가 세계사 시간에 달달 외워 익히 알고 있듯이, 인류는 4대 문명지에서 발상했다는 편협한 서구의 사관이 절대적으로 신봉되기 때문이야. 또한 스페인 군대와 함께 발을 들인, '종교청소부'를 자처했던 가톨릭 성직자들이 옛 문명을 더듬어 볼 수 있는 단초들을 남김없이 불태우고 파괴한 것도 한 몫을 했어.

라틴 아메리카에 피고 진 문명 가운데서도 마야문명은 아주 특별해. 마야는 기원전 1세기부터 중앙아메리카에 터전을 잡기 시작해 멕시코의 유카탄 반도와 과테말라, 온두라스 북부를 아우르는 광대한 땅을 지배하며 화려한 문명을 꽃피웠어. 그러나 유럽의 침략자들이 첫발을 내딛기 300년 전인 13세기에 그들은 홀연히 자취를 감춰. 이집트의 피라미드에 버금가는 신전을 짓고, 몇 만 명이 살 수 있는 거대한 도시를 건설하며 영화를 누리던 그들은 어느 순간 도시를 버리고 깊은 산 속으로 숨어들어. 고고학자들은 이 신비에 쌓인 몰락을 두고 불어난 인구를 감당할 만큼 식량이 풍족하지 않았다거나 지진 등의 천재지변, 혹은 강력한 전염병이 돌았다는 등 다양한 추측만 내놓을 뿐, 뾰족한 답을 제시하지 못하고 있어.

어쨌든 마야가 자신만의 고유한 문화와 고도로 발달된 문명을 가지고 있었다는 것은 틀림없어. 그들은 뛰어난 조각술을 가진 건축의 대가였고, 천체와 수학 등 다방면에서 당시 유럽이나 여타 문명보다 몇 걸음 앞선 문명을 이룩했어. 마야문명은 AD 500~1,000년을 전후로 가장 화려한 문명을 꽃피웠어. 지금 전해지는 마야의 문화유산은 대부분 이때 이룩한 것들이야. 당시 이들이 이룩한 과학적 업적은 서구 문명에 결코 뒤지지 않아.

마야인들은 '0'이라는 개념을 숫자에 도입했어. 당시 유럽에서는 상상도 하지 못한 숫자야. 흔히 '0'이라는 개념은 인도에서 만들어졌다고 하지만 고고학자들은 적어도 인도인들이 쓰기 200년 전에 이미 마야인들이 '0'을 숫자에 도입해 사용하고 있었다고 주장해. '0'이라는 것은 단순한 숫자의 의미가 아니야. 아무 것도 없다는 것은 절대 무, 혹은 무한대의 개념으로 해석할 수 있어. 즉 그들은 삼차원의 공간을 넘어서는 사차원의 세계에 대한 진지한 탐구를 했다고 볼 수 있어. 그들의 계산법을 이용하면 몇 백만 년 전의 날짜까지 간단하게 집어낼 수가 있다고 해. 또한 그들은 천체 망원경 없이도 별들의 운행과 지구의 공전주기, 계절에 따른 자전축의 변화까지 정확히 알고 있었어. 마야인들이 계산한 지구의 공전주기, 1년은 365.2420일이야. 이것은 현대과학으로 밝혀낸 지구의 공전 주기 365.2422일에 정확히 17.28초의 오차밖에 나지 않아. 어떻게 그들이 이처럼 정확하게 시간과 날짜를 계산해 낼 수 있었을까.

〈인류 최초의 문명들〉의 저자 마이클 우드는 '그리스인이 기하학을 통해서, 인도인이 형이상학을 통해서 우주를 탐구했다면, 마야인들은 수학을 통해서 우주를 탐구했다'고 했어. 그리고 그가 '시간의 집'이라고 명명한 마야인들의 우주에 대한 성찰은 이 문명을 규정짓는 화두가 됐어. 즉 마야인들에게 시간은 무한한 영속적인 존재이지만 인류는 멸망이 예견된 유한한 존재였어. 언젠가 인류 멸망의 순간이 올 것이고, 그날을 찾기 위해 치밀한 수학적 계산으로 시간을 따졌던 거야.

마야인들은 또 뛰어난 예술가들이었어. 고대 마야의 도시들은 하나같이 완벽한 구조를 가지고 있어. 신성일치를 지향했던 그들은 신전을 중심으로 여타의 부속 건축물을 조화롭게 배치했어. 티칼의 경우 10만 명이 살 만큼 거대한 규모의 도시였고, 도시의 구조물은 치밀한 계산에 의해 질서 있게 배치됐어. 그들은 또 신전과 건축물을 훌륭한 조각으로 치장했어. 세심한 묘사 하나까지 놓치지 않고 자신들의 역사와 삶의 자취를 돌에 새긴 조각들은 그들의 조각술이 예술적 경지에 이르렀음을 말해줘. 고고학자들은 당시 마야문명이 철과 바퀴를 사용할 줄 몰랐다고 주장해. 이처럼 아름다운 조각과 거대한 건축물이 오직 돌도끼 등의 석기와 사람의 힘에 의존해서 만들어졌다는 거야. 고고학자들의 주장을 믿고 싶지 않지만, 설령 그들의 주장이 사실이라도, 철과 바퀴를 사용하지 않고 이처럼 완벽한 건축물과 아름다운 도시를 건설할 수 있었다면 마야인들에게는 아주 특별한 능력이 있었다고밖에 볼 수 없어. 마야문명이 끊임없이 신비로워지는 것도 이 때문이야.

돌을 두드려 새긴 화려한 조각과 상형문자, 밀림 위로 솟은 거대한 신전과 수학적인 치밀한 계산을 바탕으로 건설한 마야의 도시를 보면 인류의 역사가 얼마나 서구 중심으로 치우쳐 쓰였는지가 느껴져. 유럽의 침략자들은 이처럼 고도로 발달한 문명을 가졌던 그들의 존재를 부인하고 한낱 미개인으로 취급했어. 자신들에 의해 이룩된 것들만이 문명이라 강요했지. 그러나 그것은 대단한 착각이었어. 1839년 밀림에 묻혀 있던 코판의 유적을 발견한 미국인 탐험가 존 스티븐스는 이 알려지지 않은 문명을 보고 '마야는 기존의 문명과는 전혀 다른 새로운 문명이었으며 그들은 결코 야만인들이 아니었다'고 실토했어.

체 게바라에게도 마야문명은 특별했어. 라틴 아메리카에서도 가장 유럽적인 아르헨티나에서 나고 자란 그는 잉카와 마야문명에 대해 깊은 관심을 드러냈어. 라틴 아메리카에도 그처럼 찬란한 문명이 있었다는 것을, 그리고 야만에 찬 유럽의 식민주의자들이 그 아름다운 문명을 깡그리 뭉개버렸다는 것을 그는 알게 됐어. 마야에 대한 그의 관심은 고고학이라는 학문적 영역이 아니라 제3세계의 나락으로 전락해 신음하는 당대의 문제였던 거야.

상형문자 계단의 수수께끼

　마야를 찾아가는 첫 번째 여정으로 코판을 잡았어. 코판은 온두라스에 있는 마야의 고대 도시로 마야인들의 뛰어난 조각술을 엿볼 수 있는 곳이야. 또한 코판은 마야인들이 돌계단에 상형문자로 그들의 역사를 새겨놓은, 마야문명을 전하는 거대한 역사책과도 같은 곳이야. 피라미드의 규모나 유적지의 크기는 과테말라의 티칼이나, 멕시코 유카탄 반도의 치첸 잇사 Chichen Itza, 팔렝케 Palenque에 비할 바는 못 되지만 섬세하게 조각되어 있는 석상들은 타의 추종을 불허해. 그런 연유로 코판을 '마야의 아테네'라 불러. 과테말라 이남의 마야 유적지 가운데 가장 규모가 큰 이곳은 1980년에 유네스코에서 세계문화유산으로 지정했어.

　안티구아에서 코판까지는 꼬박 6시간이 걸려. 그것도 곡예를 하듯이 앞차를 추월하며 달려야 가능해. 안티구아에서 코판으로 가는 승합버스는 보통 새벽 4시에 출발해. 오전 10시쯤 코판에 도착해서 3시간쯤 유적지를 둘러본 뒤 다시 안티구아로 돌아가는 여행자들을 배려하기 위해서야. 사실 뒤늦게 안 일이지만 코판에서는 마야 유적지를 빼놓고는 특별히 볼 게 없어. 이틀 일정으로 잡으면 하릴없이 허비해야 하는 시간이 많아. 그래서 하루에 꼬박 12시간 동안 버스를 타는 수고를 감수하고라도 당일로 다녀오는 이들이 많아.

코판에 도착한 후에야 안티구아가 얼마나 살기 좋은 곳인가를 알았어. 해발 1,000m에 자리한 안티구아는 햇살이 따갑기는 해도 무덥다는 느낌은 없어. 그러나 코판은 습한 열대의 느낌이 강해. 비 오기 전의 후덥지근한 한국의 여름을 상상하면 될 거야. 아직은 우기라서 오후 늦게 어김없이 소나기가 퍼붓기는 해. 하지만 한낮의 햇살은 강렬해서 숲 그늘에 앉아 있어도 땀이 줄줄 흘러. 그 찜통더위 속에서 마야의 아테네를 찾아 나섰어.

앵무새 무리가 시끄럽게 올라 안녕를 외치는 매표소를 지나 대광장으로 들어섰어. 잎이 넓은 잔디가 촘촘히 깔린 가운데 피라미드를 비롯해 일군의 석상들이 솟아 있어. 햇살이 어찌나 강렬한지 잔디의 초록색마저 빛이 바랜 모습이야. 해설사는 우리 일행을 끌고 광장 구석구석을 차지한 석상을 찾아다녔어. 이곳의 석상들은 하나같이 경주 괘릉 앞에 서 있는 서역인상처럼 사실적이야. 특히 양감이 도드라지게 돋을새김 해 정면보다 옆에서 볼 때 그 모양이 더욱 뚜렷해. 석상을 자세히 들여다보면 이들이 숭배하는 동물이나 자연 등이 가득 새겨져 있어. 바라만 보아도 헝클어진 실타래처럼 머릿속이 복잡해지는 디자인이야. 보는 이가 이 정도인데, 석상을 디자인하고 조각한 마야 조각가들의 고민은 얼마나 깊었을까.

대광장에 서 있는 일련의 조각상 주인은 8세기경에 코판을 통치했던 에이틴 래빗 킹18마리의 토끼왕이야. 이 사실은 고고학자들이 마야의 상형문자를 해독하면서 밝혀냈어. 인상적인 것은 각각의 조각상에 새겨진 왕의 얼굴이 조금씩 다르다는 거야. 이것은 10년을 터울로 조각상을 제작했기 때문이래. 청년기에서 노년기로 왕의 얼굴이 변해가는, 세월의 흐름에 따른 흔적이 석상에 고스란히 묻어 있어.

대광장 왼쪽에는 공놀이를 하던 볼 코트와 '마야의 거대한 역사책'이라 불리는 상형문자 계단이 있어. 공놀이는 마야인들이 즐기던 스포츠이자 신성한 의식을 거행하는 유희였어. 언젠가 한국에서도 TV 다큐멘터리로 소개된 적이 있는데, 손을 사용하지 않고 엉덩이와 허리, 등만을 이용해서 공을 상대편으로 넘기는 놀이야. 공을 상대편으로 넘기다가 경기장 좌우의 벽에 있는, 돌로 만든 고리를 통과시키면 점수를 얻어. 물론 공을 뒤로 빠트리거나 상대편에게 넘기지 못하면 벌점을 받아.

해설사의 말에 따르면 이 공놀이는 몇 가지 유형이 있어. 첫째는 죄수와 공놀이 선수와의 경기야. 죄수들은 경기에서 이기면 자유를 얻지만 지면 곧바로 죽임을 당했어. 당연히 죄수들은 필사적으로 경기에 임했겠지? 하지만 죄수들은 밥 먹고 경기만 했던 선수들을 당할 재간이 없었을 거야. 죄수들에게 죽음은 예견된 수순일 뿐인 거지. 두 번째는 귀족들이 무료한 시간을 달래기 위해 재미로 즐겼다고 해. 마지막은 마야인들이 숭배했던 신들을 위한 제례가 펼쳐질 때 공놀이를 했대. 이때는 각각의

부족에서 차출된 선수들이 경기에 임했어. 경기에서 진 팀은 태양신에게 제물로 바쳐졌어. 승자가 자신을 희생양으로 바쳤다는 주장도 있어. 당시 마야인들은 점점 기력을 잃어가는 태양신을 달래기 위해서는 팔딱팔딱 뛰는 인간의 심장을 바쳐야 한다고 믿었어. 이런 믿음은 중앙아메리카를 주름잡았던 모든 문명이 공통으로 가지고 있어. 목숨을 걸고 하는 경기라니! 상상만으로도 처절하지 않아?

볼 코트 곁에 코판의 오늘을 있게 한 상형문자 계단이 있어. 폭 5m, 높이 32.5m의 이 계단에는 1,200여 개의 상형문자가 빼곡하게 조각되어 있어. 8세기 중엽에 제작된 이 상형문자 계단은 당시 코판을 지배했던 마야 통치자들의 일대기를 기록한 것이야. 지금도 고고학자들은 이 상형문자를 해석하기 위해 골몰하고 있어. 전체 가운데 일부는 밝혀졌지만 아직 대부분은 숙제로 남아 있어. 문자 계단은 거대한 천막으로 씌워져 있어. 우기에는 바위를 부술 듯이 강렬한 소나기가 내리기 때문이야.

문자 계단에서 오른쪽으로 돌아가 가파른 비탈을 오르면 피라미드 위에 설 수 있어. 구석구석마다 상형문자를 새긴 돌과 아름다운 조각품이 지천이야. 신화적인 느낌이 강한 조각도 있고, 마치 현대 예술을 보는 것 같은 모더니즘 스타일의 조각도 있어. 한 가지 아쉬운 것은 조금 눈길을 끈다 싶은 것들은 모두 덮개나 양철지붕을 씌워놨다는 거야. 더 이상의 훼손을 막기 위한 조치겠지만, 조명시설이 전혀 없어 세세한 부분을 볼 수가 없어.

늦은 점심을 먹을 때부터 장대비가 쏟아졌어. 다시 한 번 코판의 유적을 돌아보겠다던 다짐이 슬그머니 꽁지를 내렸어. 곰곰이 생각해보니 하룻밤을 머물겠다고 남은 여행자는 나 혼자뿐이야. 다들 오후 2시에 떠나는 승합차를 타고 안티구아로 돌아갔어. 낮잠을 자고 난 뒤에도 비는 그치지 않아. 추적추적 내리는 비를 바라보며 이른 저녁을 먹었어.

다음날에도 오후 2시에 안티구아로 돌아가는 승합버스를 무료하게 기다렸어. 코판의 유적을 또 돌아보고 싶은 마음도 있었지만 12달러나 되는 입장료를 또 지불할 만큼 구미가 당기지는 않았어. 무덥고 습한 열기를 감당할 자신도 없었고. 일부러 늦게 일어났고, 또 가능한 천천히 이른 점심을 먹었지만 딱히 할 일이 없었어. 마을은 두어 걸음이면 충분했기에 가볼 곳도 없었어. 왜 여행자들이 왕복 12시간이 걸리는 피곤한 여정을 하루에 끝내는지를 충분히 알게 됐어. 참 따분한 하루였어.

티칼로 가는 머나먼 길

플로레스Flores에 닿았을 때는 어둠이 짙게 깔렸어. 꼭두새벽에 안티구아를 나섰는데 이제야 도착한 거야. 꼬박 14시간이 걸렸어. 버스에서 내릴 때는 제 정신이 아니었어. 여전히 몸이 비포장길에 출렁거리는 느낌이었지. 콩나물시루처럼 발 디딜 틈 없는 비좁은 통로를 뚫고 다니며 차비를 걷던 차장은 버스가 출발하기 전의 말쑥한 차림은 찾아볼 수가 없어. 주름까지 잡아준 와이셔츠는 구겨놓은 종이처럼 엉망이 됐고, 여기저기 얼룩이 졌어. 얼굴에도 지친 기색이 역력했어.

플로레스는 밤이 깊었는데도 후끈 달아 있었어. 한낮의 열기가 채 식지 않은 모습이야. 안티구아와 거의 같은 위도에 있으면서도 날씨는 하늘과 땅 차이야. 저지대로 내려오면서 공기가 한껏 달구어지고 있다는 것이 피부로 느껴져. 한밤의 열기가 이 정도면 한낮은 또 어떨까. 상상만으로도 아찔한 기분이야.

버스터미널에서 지척인 곳에 숙소를 잡았어. 이미 충분히 지쳤기 때문에 좋은 숙소를 찾을 생각조차 안했어. 그저 하룻밤을 보낸 후 내일 일찍 티칼로 들면 그만이라는 생각뿐이야. 맥주 한 잔으로 저녁을 대신하고 침대에 쓰러졌어. 벽에 달린 선풍기가 내는 요란한 소리가 마치 버스 엔진 소리처럼 들려. 참 시끄럽다는 생각을 하며 까무룩 잠이 들었어.

역사의 나날을 헤아렸던 땅에서

밀림 속으로 난 길을 바쁘게 걸었어. 한시라도 빨리 티칼의 모습을 보고 싶은 마음에서야. 아마 유적지를 보고 싶은 마음에 안달이 나기는 머리에 털 나고 처음일 거야. 온두라스 코판을 찾아갈 때도 이렇지는 않았어. 유적이라는 게 옛 문명의 기억을 간직하고 있는 몇 덩어리의 돌이 전부라고 생각했어. 하지만 티칼은 느낌이 달랐어. 안티구아에 머물 때 티칼을 갔다 온 여행자들로부터 워낙 많은 이야기를 들었던 터라 잔뜩 조바심이 났어. 도대체 어느 정도의 규모이기에 저들이 저렇게 호들갑을 떨까 싶었어. 또한 과테말라 사람들도 만나면 인사처럼 '티칼을 갔다 왔느냐'고 물었고, '아직'이라고 대답하면 자기 일처럼 아쉬워했어. 그리고는 '티칼을 보지 않고는 마야를 말할 수 없다'며 꼭 그곳에 가보라고 아예 나의 다짐을 받기까지 했어. 과테말라 여행안내책자 표지를 장식한 티칼의 사진도 나의 기대감을 키우는 데 한 몫 했어. 감색 아침노을이 물든 신전을 배경으로 꼬마 아이가 피리를 부는 그 사진은 마야의 세계에 대한 신비감을 불러일으키기에 충분했어.

매표소에서 15분쯤 밀림 속으로 난 길을 더듬어가자 하늘이 열렸어. 숲 그늘은 사라지고 거기 오롯하게 솟은 티칼의 신전이 보였어. 첨탑처럼 밀림 위로 솟은 신전은 내가 상상했던 것 그대로야. 다시 발걸음을 재촉해 대광장에 들었어. 광장에 들어서는 순간 나는 몸이 석고처럼 굳어버렸어. 몇 개의 돌무덤을 그렸던 나의 천박한 상상력을 타박하면서 말이야. 두 개의 신전이 마주보는 대광장은 그리스 아크로폴리스에 있는 파르테논 신전처럼 장엄했고, 캄보디아 앙코르와트처럼 신비로웠어. 마야가 남긴 한편의 서사시처럼 티칼은 단박에 천 년 전 마야의 세계로 나를 이끌었어. 밀림 한 가운데 이처럼 아름답고 거대한 도시를 건설했던 뛰어난 문명 속으로 나는 정신없이 빨려들었어.

유카탄 반도의 반경 2,000km나 되는 제국을 다스렸던 마야는 도시국가였어. 밀림 속에 저마다의 도시를 건설하고 각각의 왕이 한 도시를 통치했어. 도시와 도시는 가깝게는 100km 거리 안에 존재하기도 했지만 어떤 곳은 800km 이상을 가야 만날 수 있어. 그들이 이 깊은 밀림을 헤치고 그 먼 곳까지 교류했다는 것은 쉽게 수긍하기 어려워. 하지만 코판의 상형문자 계단에는 티칼이나 멕시코의 마야 유적지에서 사용되었던 상형문자가 있어 이들이 폭넓게 교류한 사실을 뒷받침해. 어쩌면 많은 마야의 도시들이 버려진 채 밀림 속에 묻혀 있는지 몰라. 마야인들이 자신의 도시를 버리고 떠난 뒤, 그들이 수백 년에 걸쳐 이룩한 도시들은 서서히 밀림에 뒤덮였을 거야. 그들이 예술의 경지로 끌어올린 건축술로 세운 신전, 그 위로 나무들이 자라고, 그 나무의 뿌리들이 마야의 유산을 허물어뜨렸을 거야. 과테말라의 국목國木 세이바Seiba처럼 거대한 나무들은 숲을 그늘지게 했을 테고, 습한 저지대의 밀림을 또 이끼들이 뒤덮었을 거야. 천 년이란 세월 동안 그렇게 숱한 마야의 도시들은 밀림에 묻혀 흔적조차 없이 사라졌을 거야.

지금까지 전해지는 마야의 도시들은 저마다 개성이 있어. 코판이 상형문자와 빼어난 조각이 일품이라면 티칼은 밀림 위로 마천루처럼 치솟은 신전이 인상적이야. 멕시코의 치첸 잇사는 거대한 마야의 달력이라 일컫는 피라미드가 상징이고, 욱스말Uxmal은 원뿔형의 피라미드와 차크Chac라 불리는, 비를 주관하는 마야의 신이 조각된 모습이 상상력을 자극해. 카리브 해와 접한 멕시코 툴룸Tulum은 고대 도시라기보다 마야의 오래된 휴양지처럼 빼어난 풍광을 가지고 있기도 해.

대광장을 마주보고 있는 두 신전은 계단을 통해 오를 수가 없어. 최소 45도 이상은 되어 보이는 신전의 계단은 서서히 무너져 내리고 있어 출입금지야. 그러나 신전 위에 서고 싶은 사람들의 욕망을 어떻게 멈추게 할 수 있을까. 고고히 솟은 신전에 올라 밀림의 바다에 건설한 마야 제국을 보려는 마음을 과욕이라 말하기에 이 고대 도시는 너무나 많은 전설과 신비에 싸여 있어. 신전의 계단이 무너져 내리는 것을 막기 위해, 또 이 신전의 머리에 서고 싶은 관광객들의 욕망을 충족시켜주기 위해 설치한 나무계단에는 아침부터 후끈 달아오른 열기도 아랑곳하지 않고 많은 관광객들이 개미의 행렬처럼 붙어 있어. 나는 뙤약볕이 내리쬐는 계단에 앉아 그 모습을 바라만 봤어. 특별한 감동을 얻기 위해 애써 움직이지 않아도 내 심장은 펄떡펄떡 뛰었어. 마야인들이 태양신의 분노를 잠재우기 위해, 인간 제물의 배를 가르고 막 꺼낸 심장처럼 내 심장은 지금 싱싱하게 펄떡이고 있어.

티칼로 다시 든 것은 오후 4시를 넘겨서야. 불볕이 쏟아지는 한낮에는 도저히 움직일 자신이 없었어. 그 시간에 유적지를 거닐었다면 미라처럼 몸이 바싹 말라버렸을 거야. 일단 유적지 밖으로 후퇴해서 맥주로 열에 들뜬 몸을 식힌 후 그물침대에 누워 휴식을 취했어. 그리고 햇살이 누그러지는 저녁 무렵에 다시 길을 짚기로 한 거야.

대광장을 지났어. 관광객들이 북새통을 이루던 아침나절과는 달리 한산했어. 저녁햇살을 받은 2신전(가면의 시전)의 그림자가 1신전(재규어 신전)의 계단까지 길게 드리웠어. 밀림 속으로는 어둠이 짙게 내렸어. 그 어둑어둑한 길을 짚어 '잃어버린 세계'를 지나 4신전으로 향했어. 4신전의 이름은 '머리 둘 달린 뱀의 신전'이야. 높이가 65m로 중앙아메리카의 고대 건축물 가운데 가장 높아. 아침나절에도 이 길을 짚어 4신전을 올랐었어. 하지만 다른 여행자들에게 한 번이면 족할 그 길을 나는 몇 번이고 오르기로 마음먹었어. 저녁놀에 신전이 물들고, 아침이면 안개바다에 잠기는 마야의 제국을 보고 싶은 마음에서야. 아티틀란 호숫가 마을 산 페드로에서 만난, 스쿠버 다이빙이 좋아 산소탱크까지 가지고 다닌다는 캐나다에서 온 여장부는 "4신전에서 본 석양에 물든 밀림과 신전 위로 뜨는 해돋이는 죽어도 잊을 수 없을 것"이라고 했어. 나는 그녀의 말을 좇아 해넘이와 해돋이를 모두 보기로 작정한 거야.

4 신전은 빠르게 허물어지고 있었어. 신전을 받치는 계단과 기단은 이미 나무들이 뒤엉켜 자라 흔적도 없이 지워졌어. 신전의 형태는 찾아볼 수 없고 그저 거대한 돌무덤처럼 보였어. 그 위로 나무로 짜 맞춘 계단을 설치해 놔 신전의 꼭대기에 오를 수 있게 했어. 허물어진 밑둥치와 달리 신전의 머리는 완벽하게 보존되어 있어. 여기서 바라보면 대광장에 솟은 두 개의 사원은 머리만 보일 뿐 사방은 끝없이 펼쳐진 밀림의 바다야. 두 개의 사원은 저녁햇살을 받아 황금의 탑처럼 빛났어. 나는 그 황금빛을 발하는 신전을 보면서 등대를 떠올렸어. 밀림 한 가운데 저처럼 황홀한 등대를 만들어 마야인들이 밀림에서 길을 잃지 않게 하고, 또 그들의 삶을 관장하는 태양신을 맘껏 우러러 보게 한 것이라고 생각했어.

아쉽게도 저녁놀은 생각만큼 황홀하지는 않았어. 해가 밀림에 걸친 구름 위로 일찍 저물어 제물로 바쳐진 인간의 몸속에서 방금 꺼낸 심장처럼 붉다는 그 노을을 볼 수 없었어. 해가 진 티칼에는 순식간에 어둠이 몰려왔어. 일몰을 기다리던 몇몇의 여행자들은 이미 자리를 떴어. 그들이 떠난 후 서둘러 뒤를 쫓았지만 계단을 내려오기가 무섭게 숲은 어둠에 휘감겼어. 나무 위에서 망토고함원숭이들의 날카로운 울음소리가 날아들었어. 밀림 속으로 난 길은 어둠에 묻혀 방향조차 분간하기 어려웠어. 이곳에 혼자 남겨졌다는 생각을 하자 퍼뜩 두려움이 밀려왔어.

하늘이 열린 대광장에도 어둠이 자욱하게 내렸어. 그 광장을 가로질러 갈 때였어. 신전의 계단에서 누군가 나를 바라보는 눈길이 느껴졌어. 고개를 돌렸지만 그 눈길은 순식간에 사라졌어. 등골이 싸늘하게 식었어. 내가 눈길을 거두려는 순간 다시 신전의 계단에서 뭔가 반짝하고 빛났어. 무엇일까. 유적지를 어슬렁거리는 재규어나 사나운 들짐승의 눈이 아닐까.

눈에 잔뜩 힘을 주고 신전을 응시하자 불빛의 정체가 모습을 드러냈어. 놀랍게도 불빛의 주인은 반딧불이였어. 그것도 한두 마리가 아니야. 신전의 계단 위를 오르고 있는 듯 수십 마리의 반딧불이가 어둠 속에서 춤을 추었어. 대광장은 어느새 반딧불이가 추는 군무로 환하게 빛났어.

반딧불이는 마야인의 영혼이 아닐까? 이곳 원주민들이 '역사의 나날을 헤아렸던 땅'이라 불렀던 이곳에서 천 년 전 어느 날 홀연히 종적을 감춘 마야인들. 그들은 어쩌면 이곳을 버리고 떠난 것이 아닌지도 몰라. 아메리카 대륙에 불어 닥칠 유럽의 추악한 손길을 예감하고 반딧불이가 되어 하늘도 바람도 모르게 숨은 것인지도. 저처럼 순결한 영혼이 되어 밤마다 역사 저편으로 묻혀버린 문명을 노래하고, 신을 경배하고 있는 것인지도.

반딧불이들은 계단을 짚어 신전의 머리까지 올라갔어. 신전 위로 열린 하늘에는 주먹만 한 별들이 쏟아질 듯이 떠 있어. 반딧불이들은 신전의 계단을 밟아 올라 별무리 속에 묻혔어. 나는 반딧불이가 군무를 추며 별빛 속으로 묻혀가는 것을 넋을 잃고 지켜봤어. 다시 심장을 빼먹을 듯한 망토고함원숭이의 날카로운 울음소리가 들리지 않았다면 대광장의 어둠에 홀로 서 있다는 것을 깨닫지 못했을 거야.

대광장을 빠져나와 다시 밀림 속으로 난 길로 접어들었을 때도 반딧불이의 행렬은 이어졌어. 반딧불이는 마치 나를 배웅이라도 하듯이 길을 따라 반짝거렸어. 반딧불이가 인도하는 불빛을 따라 나는 호텔로 돌아왔어. 그날 밤, 그물침대에 누워 잠을 청하면서도 계속 반딧불이를 생각했어. 눈을 감으면 대광장에서 보았던 반딧불이들의 군무가 펼쳐지는 거야. 마야의 그 순결한 영혼들이 펼치는 향연은 꿈속까지 이어졌어.

밀림의 바다에 뜬 신화의 등대

 호텔 캠핑장의 그물침대에서 보낸 하룻밤은 티칼의 낮만큼 고통스러웠어. 그물침대에서 하룻밤을 잔다는 것은 햇살 뜨거운 한나절에 맥주병을 홀짝이다 낮잠 한숨 잘 때의 운치와는 많은 차이가 있어. 열대의 밀림 속에서 바람을 느끼며 잔다는 낭만은 두어 시간 만 그물침대에 누워 있으면 산산이 깨져버려. 제 아무리 자세를 잡으려 해도 몸이 편하지가 않아. 밤이 되면서 기온도 크게 내려가기 때문에 싸늘하게 식은 습한 공기가 사방에서 엄습하기 시작하면 그저 하룻밤을 견딘다는 마음뿐이야.

 사정은 다른 배낭여행자들도 마찬가지야. 호텔 캠핑장에는 모두 6명의 배낭여행자들이 그물침대에서 잠을 잤는데, 하나가 몸을 뒤척이면 같은 기둥에 매달린 다른 그물침대도 흔들렸어. 그래서 더욱 조심스럽게 몸을 가누다보니 밀림의 밤은 한없이 길게만 느껴졌어. 그 덕택에 모든 게 신비에 싸인 마야문명을 퍼즐조각 맞추듯 되새김질하며 밀림의 깊은 밤을 지새웠어. 사실 그물침대가 잠자리로 알맞지 않다는 것을 몰랐던 것은 아냐. 그저 대안이 없었을 따름이야. 티칼에는 호텔이 몇 곳 있어. 하지만 숙박료가 만만치 않아. 안티구아나 아티틀란 호숫가 마을에서는 하룻밤 숙박비로 몇 달러면 충분했지만 이곳은 100달러 이상을 지불해야 해. 과테말라 최고의 국립공원이란 자부심이 호텔 숙박비를 부풀려 놓은 거야. 그래서 가난한 여행자들은 캠핑장의 그물침대를 대여하는 거야.

다시 티칼로 드는 길 위에 섰어. 반딧불이가 배웅을 해주던 어제 저녁처럼 칠흑 같은 어둠이 길을 덮고 있었어. 마야의 파수병을 자처하는 망토고함원숭이들은 또 요란스럽게 나뭇가지를 타넘어 다니며 비명을 질렀고. 그 앙칼진 울음소리를 애써 무시하고 발길을 4신전으로 놀렸어. '죽어도 잊지 못할 것 같다'던 새벽 일출의 감동을 볼 수 있을까. 산은 고사하고 둥근 언덕 하나없는 저지대 밀림의 끝없는 평원 위에서 파도처럼 춤을 추는 안개바다를 볼 수 있을까. 혹시 너무 큰 기대를 하고 있는 것은 아닐까. 상념은 세이바 나뭇가지처럼 수십 갈래로 흩어졌어. 대광장을 지나 4신전으로 가는 길로 접어들었을 때야 밀림은 서서히 깨어나기 시작했어.

나는 4신전 벽에 기대어 가만히 눈을 감았어. 눈꺼풀 위로 몇 줄기의 땀방울이 주르륵 흘러내렸지만 워낙 정신없이 걸어왔던 터라 그것을 닦

아낼 힘이 없었어. 막 밀림 위로 떠오른 태양은 감은 눈 속까지 파고들 만큼 강렬했어. 흰색으로 탈색된 태양은 세상의 모든 것을 태워버릴 듯이 강렬한 빛을 내쏘면서 너울너울 춤추는 안개바다 위에서 마음껏 타올랐어. 이대로 신전의 벽에 기대고 있으면 내 몸 안의 모든 수분이 증발될 것만 같았어.

나는 땀을 씻을 생각도 없이 밀림을 뒤덮은 안개바다에 몸을 맡긴 채 신화 속으로 걸어 들어갔어. 안개 바다에 떠 있는 두 개의 신전, 밀림 속에 살았던 마야인들의 영혼을 비추는 등대에서 뿜어져 나오는 마야의 비밀 속으로 정신없이 빨려 들어갔어. 마야인들은 왜 태양에 집착했을까. 이글이글 타는 적도의 태양도 부족하다고 여겨 더 밝고 힘센 태양을 원했던 것일까. 가만히 서 있기만 해도 이처럼 열기에 숨이 턱턱 막히는 데도 말이야.

마야인들은 인류가 다섯 번째 세상에 살고 있다고 여겼어. 인류는 5,125년을 주기로 바람에, 불에, 재규어에, 지진에 몰락했고, 그 가운데 선택받은 선민만이 살아남아 다시 문명을 꽃피웠다고 생각했어. 그런데 이 다섯 번째 세상 역시도 대재앙을 맞아. 마야인들의 계산에 따르면 기원전 3113년에 시작된 마지막 세상은 2012년 12월 22일 종말-몇몇 종말론자들이 이 말을 퍼트렸지만 안타깝게도 그날 종말은 오지 않았다-을 맞게 돼. 마야인들은 지구에 대재앙이 닥치면 태양이 힘을 잃고 세상은 암흑천지가 된다고 여겼어.

마야인들은 인류의 멸망을 막고, 서서히 힘을 잃어가는 태양신의 원기를 북돋아주려 안간힘을 썼어. 그래서 필요한 것이 팔팔 뛰는 인간의 심장이었어. 이 심장을 바치면 태양신은 힘을 얻어 빛을 잃지 않는다고 여겼어. 이런 믿음은 마야문명에만 있었던 것은 아냐. 태양의 제국이라 불리는 멕시코에서 스러지고 일어난 모든 문명, 이를테면 톨텍^{Toltec}이나 아스텍^{Aztec}도 인간을 제물로 바쳐 태양신이 힘을 잃는 것을 막으려 했어. 태양의 힘을 지키기 위한 노력은 마야 이후에 형성된 문명으로 갈수록, 마야인들이 예언한 인류 종말에 가까워질수록 더욱 처절했어. 아스텍은 스페인 식민지 시절 신전을 세우며 무려 8만 명을 한꺼번에 제물로 바쳤어. 16세기 초에는 해마다 25만 명의 사람들이 인간 제물로 희생됐어.

마야인들의 주술적인 노력으로 인류의 멸망은 늦추어졌을까. 그들의 기원으로 태양은 제 빛을 잃지 않고 오늘도 저처럼 강렬하게 타오르고 있는 것일까. 어쩌면 그들은 자신들의 힘으로는 도저히 인류의 멸망을 막을 수 없다는 절망적인 판단을 하고 홀연히 종적을 감춘 것은 아닐까. 이 수수께끼를 품고 나는 오래도록 신전에 기대어 있었어.

호수 위로 무거운 공기가 흐른다

공기에도 무게가 있다는 것을 플로레스에서 처음 알았어. 티칼에서 이틀을 보낸 후 플로레스로 돌아와 멕시코로 가는 버스를 예약했어. 오후 한나절을 호텔에서 뒹굴며 보내기가 뭣해 산책을 나선 길이야.

오후 4시를 넘긴 시간이었지만 햇살은 등짝을 홀딱 벗겨버릴 만큼 따가워. 그냥 따가운 것이 아니라 불덩이를 이고 있기나 한 것처럼 묵직한 공기가 느껴져. 몽롱한 현기증이 일 만큼 무거운 공기야. 찜질방의 잘 달구어진 불가마 속에 들어앉은 느낌이라면 이해할 수 있겠어? 해발 1,500m의 화산 속에 들어앉은 아티틀란 호수와는 정말 달라. 그곳의 햇살은 이렇게 무겁지 않았고, 불가마처럼 뜨겁지 않았거든.

숨쉬기 거북할 만큼 무거운 공기는 저지대 밀림이 품고 있는 습한 기운을 불볕더위가 달구어 놓은 까닭이야. 게다가 플로레스는 티칼에서 시작된 커다란 호수의 가운데 떠 있는 섬이야. 바람 한 점 없는 이 섬 위로 한낮이면 작열하는 태양이 내리쬐고, 그 햇발을 견디다 못한 습한 기운이 공중에 떠올랐다가 내 어깨 위에 내려앉는 거야. 이 시각에 호숫가를 거닐고 있는 용감한 사람은 나뿐이야. 이곳 사람들은 한낮에는 그늘에 숨어 지내다 밤이 되어야 밖으로 나와.

섬의 가장자리를 따라 천천히 걸었어. 호수에는 통나무를 파서 만든 나룻배가 떠 있어. 나룻배가 흘러가며 만든 잔잔한 파도가 호숫가로 밀려와. 수초 속에는 이제 퇴역한 나룻배가 물을 한가득 먹고 놓여 있기도 해. 나룻배는 플로레스에서 가장 중요한 교통수단이야. 호숫가 마을과 섬에 자리한 플로레스를 이어주거든. 호수에서 그물을 쳐 고기를 낚기도 하고, 더러는 여행객들을 태우고 유람하며 돈도 벌게 해주지.

플로레스는 여행자를 위한 섬이야. 이곳 사람들은 여행자들의 호주머니에서 나온 돈에 삶을 의탁해. 티칼로 가는 사람들은 싫든 좋든 하루나 이틀쯤 플로레스에 머물 수밖에 없어. 그들이 머물며 먹고 마시는 공간을 제공하고 돈을 벌어. 호숫가를 따라 전망 좋은 레스토랑과 호텔이 몰려 있어. 작은 성당이 있는 마을의 중심은 기념품점과 인터넷 카페들의 차지야.

저녁이 되자 햇살은 점점 노랗게 타올라. 호수를 감싼 연둣빛 숲도, 구릿빛으로 탄 사람들의 얼굴도 노랗게 물들었어. 저녁 햇살에 물든 호수를 가르며 조각배 하나가 조용조용 다가와. 그 곁의 선착장에서 아이들은 재주를 부리며 물속으로 뛰어들어. 아이들의 입에서 터져 나오는 웃음소리가 호수에 일렁이는 저녁햇살처럼 싱그러워. 그들을 뒤로 하고 아버지와 아들은 조각배에 앉아 낚시를 해. 낚싯대도 없어 얼레에 줄을 감아 던지는 바늘에는 은빛이 찰랑이는 물고기들이 걸려나와. 저들의 오늘 저녁 식탁에는 저 물고기들이 오를 거야.

호수와 섬을 온종일 달구던 해가 서편의 밀림으로 발길을 재촉해. 그 태양이 마지막으로 호수에 떨어뜨리고 간 햇살을 받아 내 얼굴도 감색 노을에 물들어. 지금쯤 티칼의 신전에도 황금빛 노을이 불타고 있겠지. 내일은 벨리즈를 거쳐 멕시코로 가. 하루에 국경을 두 번 넘어야 해. 온종일 에어컨도 없는 승합버스에서 시달릴 생각을 하면 마음이 우울해. 다음에는 멕시코에서 편지를 띄울게.

미국

플로리다

멕시코

비날레스 아바나 산타클라라
치첸 잇사 ★ 트리니다드 쿠바
욱스말 ★ ★ ★ 칸쿤
멕시코시티
툴룸
★
팔렝케 티칼
★ 벨리즈 카리브해
과테말라
아티틀란 호수 코판 온두라스
안티구아
과테말라시티 엘살바도르
니카라과

코스타리카

파나마

3

★ 유카탄 반도를 따라
카리브 해까지

1955년 5월. 과테말라에서 탈출한 체 게바라는 멕시코시티에 새롭게 둥지를 튼다. 사진기자로 일하며 어느 정도 안정을 찾은 체 게바라는 다시 일다에게 청혼한다. 그의 나이 스물일곱. 이번에는 운명이 두 사람을 비껴가지 않았다. 일다의 뱃속에는 이미 체 게바라의 아이가 자라고 있었다. 그 해 가을 두 사람은 마야문명이 찬란하게 꽃 피었던 유카탄 반도로 신혼여행을 떠난다.

★ 피라미드는 파도에 젖고

나는 지금 카리브 해가 내려다보이는 언덕에 앉아 있어. 옥빛 바다에서 불어오는 바람이 싱그러워. 참 오랜 만에 보는 바다, 그것도 카리브 해의 에메랄드빛 바다! 바다를 마주하고 있다는 것만으로도 행복해. 카리브 해라는 이름만으로 심장이 뛰던 기억이 있어. 우리가 접한 태평양과는 다른, 아메리카 대륙을 넘어가야 만날 수 있는 이 바다는 참 신비롭게만 느껴졌어. 콜럼버스가 아메리카 대륙에 첫발을 디딘 후 500여 년간 격동의 세월을 보내며 만들어낸 숱한 사연들, 이를테면 카리브 해를 주름잡던 해적이나 아프리카 대륙을 떠나온 흑인들의 저주받은 삶 등이 한데 뒤엉켜 이 바다만의 독특한 향기가 됐어. 그 향기를 맡아보고 싶던 오래된 꿈을 오늘 이뤘어.

이른 아침이라 태양은 아직 제 몸을 다 달구어놓지 못했어. 하지만 툴룸Tulum의 사원을 돌아본 후, 이 해변을 등지는 순간부터 옥조여올 무더위를 떠올리는 것만으로도 마음이 무거워져. 사실 많이 지쳤어. 안티구아를 떠난 뒤 며칠간은 정신없이 바쁘게 흘러왔어. 티칼과 플로레스에서 만난 태양은 몸이 녹아날 만큼 강렬했어. 그 통에 철밥통이라고 자랑하던 나의 식탐도 더위를 먹고 입맛을 잃었어. 어제만 해도 국경을 두 번이나 넘으면서 꼬박 16시간 동안 다리도 펼 수 없는 승합차 안에서 시달렸어. 반나절 만에 통과한 벨리즈^{Belize}, 하지만 그곳도 엄연히 한 국가라는 사실을 나는 까맣게 잊고 있었어. 미리 환전을 해놓지 않았던 덕에 물 한 병 살 수 없었어. 멕시코 국경을 넘어 툴룸에 닿을 때까지 나는 타는 갈증과 허기에 시달렸어.

툴룸은 유카탄 반도를 따라 자리한 멕시코의 휴양지 가운데 하나야. 칸쿤처럼 개발의 붐을 타지는 않았지만 옥빛 바다와 파도는 다른 휴양지에 비해 결코 뒤지지 않아. 그런 까닭에 툴룸은 주머니 사정이 넉넉하지 않은 배낭여행자들이 일주일쯤 파도를 타며 휴식을 취하는 곳으로 유명해. 그 해변 가운데 마야의 사원이 있어. 사실 이곳의 유적은 티칼이나 치첸 잇사에 비하면 초라한 편이야. 이곳에는 관람자의 시선을 압도하는 거대한 피라미드나 첨탑처럼 솟은 신전이 없어. 그저 고만고만한 유적이 있고, 그 중 많은 수는 복원 공사를 하느라 어수선해. 그럼에도 마야를 찾아 나선 이들이 이곳을 빼놓지 않고 들르는 이유는 사원의 지정학적인 위치 때문이야. 주목할 만한 유적이 없으면서도 사원이 완벽하리만치 아름다

운 카리브 해와 마주하고 있기 때문에 여행자들이 이곳을 찾는 거야.

툴룸은 고대 마야인들의 휴양지—물론 마야의 빈약했을 경제에 비춰보면 꿈같은 이야기겠지만—라 상상해도 좋을 만큼 아름다워. 신전은 파도가 부서지는 해안 절벽 위에 둥지를 틀고 있어. 이곳의 해변 어디에서나 눈길을 돌리면 신전을 보게 되어 있어. 작은 구릉조차 찾아볼 수 없는 평평한 밀림이 바다와 만나는 곳이기에 단연 주목을 끌기도 하고. 어디서고 신전을 우러러 볼 수 있는 것처럼 신전에 서면 또 카리브 해와 맞닿은 채 끝없이 펼쳐진 해변이 보여. 신전에서 내려다보면 바다는 눈부신 산호 해변에서 시작해 옥빛으로, 다시 검푸르게 빛나. 이처럼 유적지 어디에서나 마음껏 바다를 품을 수 있다는 게 툴룸의 자랑이야. 여기에 강렬한 태양을 누그러뜨리는 시원한 해풍까지 부드럽게 밀려오면 여행자들은 고고학 산책을 나섰다는 사실조차 잊고 그림 같은 풍경 속에 빨려들고 말아.

여행자들의 들뜬 마음은 두 개의 신전 사이에 자리한 해변이 품어줘. 카리브 해의 산호가 파도에 곱게 부서져 만든 아담한 해변이야. 이곳에서 여행자들은 옷을 훌훌 벗고 파도 위로 뛰어들어. 툴룸의 사원을 돌아보면서 윗옷은 생략한 채 반바지만 입고 있는 남자들과 비키니 수영복 위에 얇은 천 하나를 원피스처럼 걸쳐 입은 여자들은 이미 저 해변의 존재를 알고 있었던 거야. 아니 유카탄 반도에서는 언제든지 파도에 몸을 맡길 수 있는 차림으로 다니는 게 기본 패션이야. 그들은 파도를 타넘다 지치면 파파야 나무 그늘에서 쉬며 카리브 해의 매력에 흠뻑 취할 거야. 그렇게 휴식을 취하다가 생각난 듯이 자신이 머물고 있는 유적을 하나씩 뜯어볼 테고.

바다는 누구에게나 동경의 대상이야. 고대인들은 지금 살고 있는 곳과는 다른, 지상의 낙원이 바다 건너에 존재할 것이라고 여겼어. 자신을 구속하는, 현실의 속박에서 해방시켜줄 초인(超人)이 바다를 건너 올 것이라는 믿음도 동서를 막론하고 보편적이었지. 유카탄 반도의 마야인들도 툴룸에서 바다를 꿈꿨을 거야. 그들은 강력한 바다의 흡입력에 이끌려 저처럼 해안가에 사원을 짓고, 등대처럼 불 밝히는 삶을 살았을 거야. 바다를 건너 찾아올 현인을 기다리면서 말이야. 티칼의 사원이 밀림에 솟은 등대라면 툴룸의 사원은 카리브 해를 향한 그들의 염원이 담긴 등대야.

바위 턱에 앉아 툴룸의 사원을 하염없이 바라보는 내 곁에 소리 없이 친구가 하나 찾아 왔어. 바위와 동색인 이구아나야. 녀석은 자신에게 꽂히는 따가운 시선이 없다면 온종일 태양을 즐기며 저렇게 앉아 있을 거야. 마야인들이 떠난 후부터는 이곳의 주인 행세를 하며 말이야. 이구아나들은 사원에 지천으로 널려 있어. 녀석들은 여행자들이 자신에게 퍼붓는 눈길에 짐짓 딴청을 피운 채 온 종일 그렇게 해바라기를 하며 보내.

나무 그늘을 찾아 다리쉼을 하며 쉬엄쉬엄 툴룸의 유적을 돌아본 뒤 막 떠나려 할 때쯤이야. 유적의 입구에 자리한 사원 앞을 지나려는데 뒤통수가 뜨끔한 거야. 누군가 사원의 돌 속에서 나를 응시하고 있다는 느낌이 들었어. 그러나 아무 것도 보이지 않았어. 그저 돌을 쌓아 만든 사원이 있을 뿐이었지. 피를 말릴 것처럼 뜨거운 태양 탓이려니 하고 다시 천천히 걸음을 옮기는데, 또다시 나를 바라보는 시선이 느껴지는 거야. 나는 발길을 멈추고 '벽화의 피라미드'라 이름 붙은 신전을 찬찬히 훑어봤어. 여전히 해풍에 닳아 빛이 바랜 바위들이 켜켜이 쌓여 있을 뿐이야. 하지만 신전에 눈길을 고정하고 한참을 들여다보자 거기 얼굴 하나가 희미하게 보이기 시작했어. 사원의 모서리에 새겨진 얼굴 하나가 가만히 나

를 바라보고 있는 거야. 그 얼굴은 면과 면이 만나는 사원의 벽 모서리를 정면으로 향해 서자 더욱 뚜렷하게 도드라졌어. 굳게 다문 입술 위로 코가 우뚝하고 눈망울이 부리부리한 전형적인 마야인의 얼굴이야. 석상의 눈빛은 뭐랄까, 묵묵히 세월을 견뎌온 무게가 실려 있는 듯 했어. 한 시대를 살아낸다는 것, 설령 그것이 바위를 다듬어 새긴 석상으로 태어난 삶이라 할지라도 감당해야 할 무게가 있다는 것을 말해주려는 듯이. 그 무게는 그늘 한 자락 없는 길을 홀로 터벅이며 걷는 내 어깨를 찍어 누르는 태양보다 무겁게 느껴졌어.

썸머 크리스마스의 유혹

10년 전, 아마도 오늘일 것 같은 날에 지구 반대편 한국에서 온 초라한 몰골의 사내 하나가 멕시코 최대의 휴양지 칸쿤Cancun에서 목숨을 버렸어. 가을로 깊어가는 계절, 카리브해를 찾은 휴양객들이 썸머 크리스마스의 달콤함에 취해 있을 때 그는 산호초 바다의 푸른빛을 담은 칼로 자신의 배를 가르고 고단하기만 했던 삶을 마감했어. 그의 이름은 이경해. 그는 2003년 9월 10일 쌀 수입개방을 조인하는 제5차 세계무역기구WTO 각료회의가 열리던 칸쿤의 행사장에서 한국의 농민과 세계화의 희생양이 되고 있는 제3세계 민중들을 대신해서 그렇게 항거하고 떠났어.

참 아름다운 사람이었어. 전라도 산골에서 탯줄을 끊은 이 시골 촌닭이 어느 날 한 여자와 사랑에 빠졌어. 남부러울 것 없는 집안에서 태어나 이화여대에 재학 중이던 아가씨를 덜컥 사랑하고 만 거야. 모두가 무모한 사랑이라 여겼지만 그는 끝내 아가씨의 마음을 훔쳤고, 그녀와 함께 보란 듯이 전라도 산골로 돌아갔어. 티없이 자라는 세 딸과 목장을 가득 채운 젖소를 보며 그는 분에 넘치는 행복을 누렸을 거야. 거기까지가 그의 인생에 주어진 행복이었어. 몇 번의 우유파동을 겪으면서 그는 고단한 농사꾼의 현실에 눈떠. 농사를 잘 짓고, 소를 잘 키워도 그들로서는 감당할 수 없는 부당한 현실이 있다는 것을 깨달은 거야.

그가 다른 농사꾼들과 어울려 정부의 시책에 맞서 '아스팔트 농사'에 열중하던 어느 날, 그토록 사랑했던 아내는 작별인사도 없이 하늘나라로 떠났어. 교통사고였지. 어쩌면 그는 사랑하는 아내 곁으로 돌아가고 싶었는지도 몰라. 둘째 딸의 결혼식을 두 달 앞두고 그는 칸쿤으로 왔어. 이 끝없는 해변에 우두커니 서서 그는, 눈부시게 파란 하늘과 쪽빛 바다를 보았을 거야. 휴양객들이 카리브 해에서 불어오는 열대의 바람을 맞으며 비치의자에 누워 한가롭게 휴식을 취할 때 그는 죽음을 준비했어. 그는 얼마나 낯설었을까. 이 어울리지 않는, 세상에 맞서 절규하기에는 너무 매혹적인 휴양지에서 은밀히 죽음을 준비했던 그 마음은 얼마나 비통했을까. 그 참담한 심정을 안고 그는 이역만리 머나먼 해변에서 환대받지 못한 채 사랑하는 아내 곁으로 떠났어.

그가 섰던 자리에 서 있어. 다시 세월이 흐르고 사람들은 또 아무 일 없었다는 듯이 파도에 젖고, 햇볕에 몸을 말리는 아메리카 최대의 휴양지에 나는 서 있어. 그가 느꼈을 낯설음에 취해서 말이야.

맥주 한 병을 고스란히 해변에 부었어. 그의 불꽃같은 삶에 표하는 경의라는 게 고작 맥주 한 병이라니. 눈부신 산호초 해변에 맥주를 붓고 있는, 동양에서 온 이방인의 괴상한 행동을 흘깃흘깃 쳐다보는 눈길들이 느껴져. 그가 멕시코 경찰에 둘러싸여 구호를 외칠 때도 누군가는 그를 흘깃거렸겠지. 도대체 무엇이 문제냐는 듯이 말이야. 이곳에서는 일터의 고민은 다 벗어던지고 그저 휴식하면 될 뿐인데, 당신은 무슨 고민을 안고 왔느냐고 말없이 질책하는 반라의 휴양객들. 이곳에서 시대의 고민쯤은 참 우스운 일일지도 모르니까.

칸쿤은 1960년대 말까지만 하더라도 한가한 마야의 어촌이었어. 그저 남북으로 700km에 달하는 거대한 해변의 띠만 있는, 눈부신 백사해변에 사시사철 카리브 해에서 몰려오는 파도만이 춤을 추는 곳이었어. 그러나 멕시코 정부가 세계 제일의 휴양지를 만들겠다는 야심으로 개발의 손길을 뻗치면서 하루아침에 이 한적한 어촌은 달러를 긁어모으는 멕시코의 보물창고로 변해. 라스베이거스에서 돈을 번 미국의 호텔 자본이 카리브 해로 눈독을 들이면서 속속들이 호텔이 들어섰어. 지금 내가 걷고 있는, 한국에서 온 한 농민이 목숨을 끊었던 이슬라 칸쿤Isla Cancun은 호텔이 바다를 향해 장벽처럼 늘어선 곳이야. 이 '호텔의 띠'는 무려 23km에 달해. 본래 섬이었던 이곳은 칸쿤과 연결된 후 지상 최대의 휴양지로 개발된 거야. 그 후 미국을 비롯한 세계 각지에서 물 좋은 카리브 해를 즐기려고 휴양객들이 몰려들기 시작했어. 지금은 한 해 평균 200만 명의 휴양객이 찾고 있어. 하지만 멕시코인들에게 칸쿤은 그림의 떡이야. 멕시코인들의 빠듯한 주머니 사정으로는 칸쿤에서 휴가를 보내는 것이 대단한 사치야. 그래서 멕시코인들은 '칸쿤은 멕시코가 아니라 미국땅'이라고 자조 섞인 어투로 말해.

어부 100여 명이 오순도순 몰려 살던 해변에서 세계 최대의 휴양지로 순식간에 바뀐 칸쿤의 운명은 어쩌면 시작인지도 몰라. 이곳은 휴양지로서 최적의 조건을 갖추고 있어. 칸쿤은 일 년 내내 햇볕에 몸을 말릴 수 있는 열대야. 지구의 북반구가 겨울로 깊어갈 때 칸쿤은 썸머 크리스마스를 꿈꾸는 미국과 유럽인이 몰려들어 최고의 성수기를 맞아. 여기에 라스베이거스 부럽지 않은 호화로운 호텔과 카지노, 쇼핑몰이 해변에 펼쳐져 있어. 또한 치첸 잇사나 툴룸, 욱스말 같은 마야의 유적지가 지척이야. 관광객들은 일광욕과 파도타기가 시들해지면 하루쯤 짬을 내서 마야의 유적지를 돌아봐. 이 달콤한 매력의 땅을 미국의 자본가들이 모른 체 할 리 있겠어? 칸쿤에는 지금도 호텔을 짓는 공사가 한창이고, 거대 자본의 마수는 아직 개발되지 않은, 툴룸처럼 작은 곳까지 손길을 뻗치고 있어.

참 많이 걸었어. '세계를 갖다 놓았다'는 라스베이거스의 거리보다 긴 이슬라 칸쿤의 해변을 따라 반나절을 걸었어. 그 길고 긴 해변에서 형벌처럼 무거운 카메라 가방을 메고 걷는 이는 나 혼자뿐이야. 참 고통스런 일이야. 모두가 휴식에 취한 바닷가에서 풀지 못한 고민이 있는 것처럼 저 혼자 헤매는 사내라니. 그러나 이곳에서 목숨을 버려야 했던 한 사내의 들끓는 속에 비하면 이건 아무것도 아냐. 해변을 거닐면서 그가 차마 떠나보낼 수 없었던 사랑하는 아내와 하늘나라에서 만나 영생하기를 기원했어. 그도 이제는 시대가 안겨준 무거운 짐을 내려놓고 바람에 몸을 맡긴 채 쉬기를. 더 이상 낯설지 않은 곳에서, 더 이상 휴식이 죄가 되지 않는 그런 세상에서 살기를 바라며 나도 이쯤에서 오늘의 지친 발길을 접을까 해.

★ 푸른 산호초 속 열대어

칸쿤에서 이슬라 무헤레스Isla Mujeres로 가는 배에 올랐어. 연락선은 경쾌한 파도를 가르며 카리브 해에 납작하게 엎드린 섬으로 달려가. 해변에서 충분히 멀어졌는데도 물빛은 오리무중이야. 바다는 깊은 우물처럼 검푸른 색을 띠다가도 돌고래 떼 위를 지나는 것처럼 하얀 물속을 보여주기도 해. 이곳의 바다가 산호초로 뒤덮여 있다는 사실을 일깨워 주는 단면이야. 칸쿤과 이슬라 무헤레스는 세계 제일의 산호초 지대 가운데 하나야. 멕시코 만과 만나는 유카탄 반도의 끝머리에서 시작한 산호초 군락은 벨리즈와 과테말라, 그리고 온두라스까지 무려 1,000km를 뻗어 있어. 그 가운데 유카탄 반도 앞에 떠 있는 이슬라 무헤레스와 코수멜Cozumel 두 개의 섬이 최고의 산호초 지대로 꼽혀. 이 바닷속 산호들이 파도에 부서져 해변으로 떠밀려 오면 유카탄 반도를 감싼 하얀 해변이 되는 거야.

이슬라 무헤레스는 볼수록 매력적인 섬이야. 너비 1km, 길이 8km에 불과한 이 작은 섬은 카리브 해에 떠 있는 거대한 조개껍질처럼 보여. 섬은 남북으로 길게, 수평선과 거의 같은 높이로 납작하게 엎드려 있어. 허리케인이라도 불면 파도가 타 넘을 것처럼 낮은 섬이야. 이 섬을 감싼 바다의 물빛이 가히 예술이야. 산호초대를 따라 하얗고 파란, 때로는 초록빛으로 물빛이 달라져. 잔잔한 파도가 흔들어주면 물빛은 춤을 추며 반짝거려. 그 바다에서 스노클링에 나선 이들은 돌고래처럼 한가롭게 유영을 즐겨.

이 섬이 매력적인 것은 칸쿤과는 달리 상업주의에서 한발 벗어났다는 데 있어. 칸쿤보다 먼저 휴양지로 주목을 받았지만 워낙 섬이 작아 칸쿤처럼 거대한 호텔이 들어서지 못한 거야. 섬의 다운타운은 고작해야 2층을 넘지 않는 집들이 바둑판처럼 정리된 도로를 따라 몰려 있는 게 전부야. 대부분 게스트하우스와 레스토랑, 토산품을 파는 상점이야. 이 가운데 단연 눈길을 끄는 것은 스쿠터 대여점이야. 고작해야 8km밖에 되지 않는 이 섬을 여행하는 데는 스쿠터만큼 완벽한 게 없어. 일행이 있거나 가족이 함께라면 골프장에서 사용하는 카트를 빌리면 돼.

기름까지 가득 채워주는 스쿠터를 2만원에 빌렸어. 당신은 이 스쿠터를 빌린 뒤 내가 느꼈던 뿌듯함을 상상할 수 있겠어? 이 스쿠터만 있으면 해가 질 때까지 나는 자유야. 이 섬 안에서 어디든 갈 수 있고, 내 마음대로 휴식할 수 있어. 온종일 뙤약볕 아래 걸을 자유밖에 없는 배낭여행자에게는 천금보다 귀한 선물이야.

조개처럼 긴 섬을 따라 남쪽으로 달렸어. 강렬한 태양도 스쿠터에 앉은 내게 달려드는 바람을 어쩌지는 못해. 이 바람이 진짜 카리브 해의 바람이라는 느낌이 들어. 길 한편으로 펼쳐진, 보석 같은 바다를 끼고 달린다는 사실에 나는 또 감격해.

섬의 남쪽 끝 태양을 받아 눈부시게 빛나는 하얀 등대에 올라가 섬의 파노라마를 즐겼어. 카리브 해와 마주한 동쪽으로는 높은 파도가 달려들어 해벽을 때려. 섬의 남쪽 끝은 마야의 차지야. 그들이 세운 작은 사원이 해안 절벽 위에 솟아 있어. '이슬라 무헤레스'는 스페인어로 '여자의 섬'이란 뜻이야. 스페인 군대가 이곳에 첫발을 내디딘 후 마야의 여성을 새긴 석상을 발견한 데서 붙여진 이름이야. 그 마야의 유적으로 가는 길에는 어울리지 않게 현대의 조형미가 물씬한 조각공원이 들어섰어. 오른쪽으로는 카리브 해의 해적을 떠올리게 하는, 무슨 요새 같은 테마파크가 있고. 참 어설픈 배치야. 그런데도, 이 생뚱맞은 조각공원과 테마파크를 마야의 유적과 함께 붙여놓았는데도 특별히 모나 보이지가 않는 거야. 그건 이곳의 풍광이 어떤 것을 갖다놔도 소화시킬 만큼 빼어나기 때문이겠지.

이슬라 무헤레스의 동쪽 해안은 서쪽과 달리 파도가 거칠어. 마야의 유적이 있는 남쪽 끝처럼 해안은 높은 파도에 깎였어. 파도가 넘실대는 해변을 가득 채운 건 소라껍질이야. 작은 것도 어른 주먹만 해. 파도에 깎여 기둥만 남은 것도 있고, 고동을 불어도 좋을 만큼 튼실한 녀석도 있어. 반짝반짝 윤이 나는 우윳빛 소라껍질을 집어들고 가만히 귀에 대봤어. 파도소리가 들렸어. 그 소리는 소라껍질로 나팔을 만들어 불던 마야인들을 떠올리게 해. 안티구아에서 커피농장을 견학갔다가 보았던 소라 고동으로 만든 나팔 말이야. 그 나팔을 떠올리며 이 섬에서 행복한 한시절을 보냈을 마야인들을 그려봐. 그런 마음은 나만이 아닐 거야. 스쿠터와 골프장 카트를 타고 온 몇몇의 여행자들도 해변에서 소라껍질을 찾으며 행복한 오후 한때를 보내고 있어. 완벽한 휴식은 오늘 같은 날을 뜻해.

시간의 짐을
지고 있는 피라미드

피스테^{Piste} 마을에서 치첸 잇사^{Chichen Itza}로 가는 길은 호젓했어. 가끔 치첸 잇사에서 일하는, 바지런한 마야의 후손들이 자전거를 타고 지날 뿐 도로를 따라 걷는 이는 나 혼자야. 적도에 가까운 열대의 저지대도 겨울로 가는 밤을 어쩔 수는 없는 모양이야. 한낮에는 내장까지 말려버릴 것 같은 불볕더위가 기승을 부려도 아침나절은 선선해. 오늘처럼 해가 뜨기 전 자욱하게 안개가 깔려 있을 때는 더욱 그렇고.

칸쿤을 출발해 피스테에 닿은 것은 어제 오후 2시야. 마음 같아서는 당장이라도 마야의 거대한 달력—치첸 잇사에 있는 피라미드—을 보고 싶었지만 애써 참고 반나절을 휴식했어. 한낮의 더위 속에 치첸 잇사를 거닐 용기가 없었거든. 그렇게 마을에서 하루를 보낸 후 아무도 없는 이른 아침에 나 혼자만 마야의 비밀스런 시간의 문을 엿보겠다는 욕심으로 길을 나선 거야.

치첸 잇사로 드는 문은 아직 열리지 않았어. 나는 조심스럽게 매표소를 지나 사원 안으로 들어갔어. 밀림으로 난 길을 헤치고 들자 너른 잔디밭이 펼쳐졌어. 그 가운데 티칼과 더불어 치첸 잇사를 마야 최고의 유적지 반열에 오르게 한 피라미드 엘 카스티요^{El Castillo}가 서 있는 거야. 완벽한 균형미를 자랑하는 24m 높이의 피라미드는 한가로운 여행자의 첫눈에도 불꽃처럼 뜨거운 기운을 심어주었어.

나는 북쪽으로 난 계단을 따라 한 걸음씩 피라미드를 올라갔어. 위로 올라갈수록 이제 막 밀림을 빠져나온 태양이 빛났어. 경사도가 45도에 이르는 계단은 숨이 벅찰 만큼 가팔랐어. 하지만 걸음을 멈출 수는 없었어. 이 피라미드에 오르면 신비에 쌓인 마야의 시대가 파노라마처럼 펼쳐질 것 같은 거야. 코판이나 티칼에서 미처 헤아리지 못한, 실타래처럼 뒤엉킨 마야의 이야기들이 술술 풀려나올 것 같았어.

치첸 잇사에 스민 마야문명의 수수께끼를 알려면 이 피라미드에 얽힌 신비부터 이야기를 해야 해. 엘 카스티요라는 이름의 이 피라미드는 '마야의 달력'으로 불려. AD 8세기경에 마야 최고의 신인 '깃털달린 뱀^{쿠쿨칸}'을 위해 지어진 신전이야. 쿠쿨칸은 멕시코의 아스텍과 톨텍문명에도 등장하는 수호신이야. 엘 카스티요를 오르는 북쪽 계단 발치 모서리에는 두 마리의 뱀 머리가 있어. 바로 쿠쿨칸을 표현한 조각이야. 이 조각에 '마야의 달력'에 대한 비밀이 담겨 있어. 이 뱀 머리 조각상은 일 년에 딱 두 번, 춘분^{3월 21일}과 추분^{9월 21일}에 꿈틀거리며 살아나. 태양이 떠올라 피라미드의 그림자가 북쪽으로 드리우면 뱀 머리 조각상에서 피라미드 정상으로 이어진 계단의 그림자가 마치 뱀의 몸통처럼 보여. 두 마리의 뱀이 춘분 때는 피라미드에서 대지로 기어 내려오고, 추분 때는 피라미드를 기어오르는 형상이 되는 거야. 이 장엄한 시각적 환상을 보기 위해 춘분과 추분에는 관광객이 구름처럼 몰려와.

두 마리 뱀 머리의 시각적 환상은 마야인들이 지구의 공전 주기와 자전축을 정확히 읽고 있었다는 것을 의미해. 당시만 해도 중세 암흑기의 유럽인들은 태양이 지구를 돈다고 믿고 있었잖아? 그러나 마야인들은 이미 그 전부터 우주의 정연한 질서를 거스르지 않는 지구라는 별을 정확히 읽고 있었던 거야. 엘 카스티요에는 두 마리 뱀이 연출하는 시각적 환상 외에도 '시간의 비밀'이 담겨 있어. 피라미드를 오르는 한 쪽 계단의 수는 91개야, 4면의 계단을 합치면 모두 364개야. 여기에 쿠쿨칸을 모신 정상의 신전을 합치면 태양력의 일 년 날수와 같은 365개가 돼. 피라미드 벽면을 장식한 층과 패널도 단순한 기교가 아니야. 9층으로 된 피라미드의 각 면은 계단에 의해서 18개의 단으로 나뉘어져. 이것은 일 년을 18개월로 계산한 마야 달력의 달을 상징해. 계단을 제외한, 피라미드 각 면의 9층을 장식한 52개의 패널은 마야의 신성주기를 나타내. 60년마다 띠가 같은 해가 돌아오는 동양의 역법처럼, 각각의 동물로 상징되는 마야의 1년은 52년이 지나면 다시 같은 해가 돌아와. 이처럼 치밀한 계산으로 만든 것이기에 엘 카스티요를 '마야의 거대한 달력'이라 부르는 거야.

천문학이 고도로 발달했던 마야의 달력은 현대 과학으로 볼 때도 놀라운 일이었어. 그들의 달력은 앞에서 이야기했듯이 한 번 도는 데 52년이 걸려. 이 달력은 13개의 숫자와 20개의 기호로 되어 있어. 즉 오늘날처럼 00월 00일 아니라 6-원숭이, 8-뱀 등으로 표시해. 마야 달력은 1주기[52년]가 넘는 시간은 '긴 셈'이라 부르는 별도의 시스템을 이용해. 13세기에 제작된, 상형문자로 기록한 마야의 역사책에는 기원전 3114년부터 긴 셈에 근거해 천문관측을 한 기록이 있어. 온두라스 코판에서 편지를 쓸 때 이야기했지만 마야의 책에 적힌 지구의 공전주기는 365.2420으로 현대과학이 밝힌 지구의 공전주기에 정확히 17.28초의 오차밖에 나지 않아. 그들은 천체를 관측할 망원경이나 초, 분, 도 등 시간의 경과를 잴 수 있는 어떤 도구도 없이 금성의 공전주기가 584일-실재 주기는 583.92일이야-이라고 계산했어. 고고학자들은 마야인들이 화성의 궤도까지 추적하고 있었다고 확신해.

당시 마야인들은 1년을 365일로 세는 태양력과 260일을 1주기로 보는 촐킨[Cholkin], 두 개의 역법을 사용했어. 260일을 1주기로 쓰는 촐킨은 태아가 어머니 자궁에서 머무는 시간과 같아. 마야인이 사용한 태양력은 한 달을 20일로 계산해서 1년은 18개월이 돼. 한 달을 30일[혹은 31일]로 여기는 현대의 역법과는 차이가 있어.

당신에게 마야의 이 복잡한 계산체계를 이야기하면서도 사실 나 스스로도 많이 혼란스러워. 도대체 이런 복잡한 계산들이 밀림에서 농사나 짓고 살던 이들에게 무슨 필요가 있을까? 하지만 마야인들은 〈인류 최초의 문명들〉의 저자 마이클 우드가 명명한 '시간의 짐'을 지고 살고 있었어. 인류는 네 번에 걸쳐 멸망했고, 우리는 마지막 다섯 번째 세상을 살고 있는 거야. 그리고 우리가 살고 있는 이 세상도 그들의 계산에 의하면 2012년 12월 22일로 주기가 끝나. 마야인들은 무한한 시간과 그 속에서

살고 있는 유한한 존재인 인간과의 연결 고리를 정확한 천체읽기와 시간의 계산속에서 찾으려 했던 거야.

모든 게 낱낱이 밝혀진 문명이라면 그곳을 찾는 발길은 싱거울지도 몰라. 고고학의 매력은 풀리지 않은 신비를 안고서 무한한 상상의 나래를 펼 수 있다는 데 있지. 그런 면에서 마야는 완벽한 고고학 여행지야. 그들이 남긴 뛰어난 문명과 감쪽같이 사라진 비밀의 열쇠를 찾아 발걸음을 놀리는 것만큼 행복한 일은 없으니까.

내가 이 신비한 마야의 달력에 올라 굳게 닫혀 있던 상상력을 일깨우고 있는 동안 태양은 피라미드의 머리 위까지 떠올랐어. 매표소를 지나온 여행자들도 하나둘씩 잔디광장에 모습을 드러냈어. 그들의 발걸음은 광장에 들어서는 순간 멈칫하고, 눈길은 경외감이 물씬한 피라미드에 박혀. 누구라도 이 피라미드가 치첸 잇사를 빛내는 보석이라는 것을 첫눈에 알아봐. 그들도 서둘러 이 피라미드를 오르고 싶어 할 거야. 내가 그랬듯이. 나는 그들에게 이 피라미드를 내줄 때가 되었다 싶어 천천히 계단을 짚어 내려왔어.

치첸 잇사에 엘 카스티요 피라미드 말고도 흥미로운 유적이 많아. 아메리카에 전해지는 것 가운데 가장 크, 길이 60m이 별 고드의 인민 세물의 머리를 전시했던 곳으로 전해지는 촘판틀리Chompantli 제단—연단을 둘러싸고 히죽히죽 웃는 해골상과 인간의 심장을 물고 있는 독수리상이 조각되어 있다—도 그 중 하나야. 특히, 촘판틀리는 마야인들이 치첸 잇사를 버린 후 이곳을 차지했던 톨텍문명의 흔적이야. 고고학자들에 따르면 마야인들이 인간을 제물로 바치는 의식은 그렇게 심각한 수준이 아니었대. 인간의 심장을 태양신에게 바치는 잔혹한 유희는 마야 이후 멕시코와 유카탄 반도에 융성했던 후대 문명으로 갈수록 절정으로 치달아.

촘판틀리 연단에서 '마야의 길'을 따라가면 마야 비의 신 차크^{Chac}의 집으로 숭배되어 인간 제물을 바쳤던 거대한 연못에 닿아. 치첸 잇사 다음에 찾아갈 욱스말에서도 확인하게 되겠지만 유카탄 반도에서 물은 마야인들에게 가장 소중한 존재였어. 유카탄 반도에서는 강은 고사하고 냇물 하나 볼 수 없어. 이곳은 석회암 지대라서, 비가 내리는 족족 땅으로 스며들거든. 그런 밀림 한 가운데 지름 30m, 깊이 60m에 이르는 거대한 연못이 있고, 언제나 맑은 물이 샘솟는다는 것은 그야말로 신이 내린 축복이었을 거야. 고고학자들은 이 자연 연못이 엘 카스티요와 함께 마야인들이 가장 신성하게 여겼던 곳이라고 추측해.

밀림에 버려졌던 마야의 고대도시들이 속속 발굴되면서 고고학자들은 유적지를 헐값에 사서 발굴 작업을 벌인 적이 종종 있었어. 온두라스 코판을 발견한 존 스티븐스가 그랬고, 하버드대 고고학 교수 에드워드 톰슨도 1907년 푼돈을 주고 치첸 잇사를 샀어. 그는 이 자연 연못에서 수많은 유물을 발굴해. 그 후의 예정된 수순은 당신도 짐작할 수 있을 거야. 이집트의 피라미드에서 발굴된 것들이 영국이나 프랑스의 박물관을 장식하는 데 쓰였듯이, 그는 이곳에서 발굴한 유물들을 하버드대 박물관으로 옮겼어. 멕시코 정부의 노력으로 일부는 반환이 되었지만 많은 수는 여전히 이곳으로 돌아오지 못하고 하버드대에 남아 있어.

엘 카스티요 뒤편 '전사의 사원'으로 불리는, 지붕은 간데없고 1,000여 개의 원주기둥이 열 지어 서 있는 사원도 발길을 잡기에 충분했어. 이곳에는 그리스 파르테논 신전의 기둥처럼 굵은 기둥이 열을 지어 촘촘히 서 있어. 그 위를 덮었을 지붕돌을 생각하면 이 사원의 규모 역시 엄청났

을 거야. '전사의 사원' 정상에는 심장을 올려놓았던 제단이 있어. 제단은 마야의 신이 접시를 배꼽에 얹고 드러누웠다가 일어서려는 듯이 엉거주춤한 자세를 취하고 있어. 마야의 제사장들이 그 제단 위에 펄떡이는 인간의 심장을 바치고 태양신을 모시는 장면을 떠올리기란 어렵지 않아.

'전사의 사원'까지 돌아보는 데 오전이 훌쩍 지나갔어. 오후에는 태양을 이고 마야인들이 별자리를 관찰했던 천문대와 고위 사제들의 무덤, 비의 신 차크를 비롯해 아름다운 문양이 새겨진 수녀원—스페인 수녀들의 방을 연상시키는 작은 방들이 있어 붙여진 이름이야—을 돌아봤어. 그리고는 더 돌아볼 힘을 잃었어. 물병 하나를 무슨 보물인양 끌어안고 엘 카스티요가 만든 그늘에 누웠어. 잔디가 곱게 깔린 광장에 드리운 피라미드의 그림자는 해가 이울수록 더욱 커졌어. 사람들은 그렇게 피라미드 그늘에 앉아 다리쉼을 하며 자신의 상상력을 일깨우기 위해 책을 읽거나 누운 채로 눈을 감고 있었어. 이들은 모두 밤에 펼쳐질 '빛과 음악의 쇼'를 기다리는 거야.

홍염에 불타는 해를 보낸 뒤 여행객들은 모두 강제 퇴장했어. 그리고는 어둠이 완전히 밀림을 지배한 후에 다시 입장했어. 볼 코트 곁에, 엘 카스티요를 비롯한 치첸 잇사의 유적이 정면으로 보이는 자리에 객석이 마련됐어. 여행자들이 객석을 가득 메우자 쇼가 시작됐어. 엘 카스티요가 조명을 받아 무지갯빛으로 차례차례 빛났고, 그 외의 유적 또한 조명의 힘을 빌려 자신의 존재를 드러냈어. 밀림을 쩌렁쩌렁 울리는 앰프에서 각각의 유적에 얽힌 사연들이 소개될 때마다 조명은 그 유적을 비췄고, 절대적인 어둠 속에서 혼자만 조명을 받은 유적들은 무한한 상상력을 관객에게 선사했어. 쇼는 그렇게 30분쯤 치첸 잇사와 마야의 문명을 이야기한 뒤 끝이 났어. 조명이 꺼지자 어둠에 휘감긴 밀림 위로 어느새 보름달이 봉긋 솟아 있었어. 엘 카스티요는 달빛에 푸르게 젖어 있고. 나는 그 피라미드 위에서 마야의 왕이 걸어 나와 밀림을 내려다보는 상상을 하며 발길을 돌렸어.

　어둠 속을 걸으며 마야인들이 던진 화두, 몇 십만 년 전 몇 월 며칠에 있었던 어떤 일을 찾으려고 했던 부질없는 시간놀음의 의미를 떠올려 봤어. 마야인이 계산한 시간이란 개념에는 역사 저편으로 이미 흘러간 시간과 예측할 수 없는 미래의 어느 날에도 흘러갈 시간이 담겨 있어. 마야인들은 '시간의 짐'을 지고 당대의 시간과는 무관한 그 시간들을 떠올려 보며 인간의 존재에 대한 성찰을 하지 않았나 싶어. 그들은 시간에 대한 성찰을 통해 우주를 떠도는 하찮은 운석 하나에도 존재의 의미를 부여하고, 그들이 발 딛고 살아가는 지구의 모든 생명체까지 눈을 돌리지 않았을까? 그 까마득한 시간의 간극 속에서 존재의 의미를 떠올려보는 일, 그렇게 부질없어 보이지는 않아. 당장에 주어진 시간에만 주판알을 튕기며 살아가는 우리들에게 마야인들은 무한한 시간의 의미를 일깨워주고 간 거야. 시간은 우리가 기억하는 만큼 길어지는 고무줄 같은 존재라는 것을.

비의 신은 저녁놀에 불타고

메리다Merida에서 욱스말Uxmal로 가는 버스를 예약한 후 좌판에 앉아 토티야 몇 개로 아침을 대신했어. 이른 아침부터 보따리 행상을 나온 이들이 유카탄 반도의 특산품을 보여줘. 이 고장의 명물 사이잘삼으로 만든, 색깔 고운 그물침대와 돌돌 말면 결혼반지 속으로도 들어간다는 파나마모자는 꽤나 구미가 당겼어. 모두가 유카탄 반도의 아름다운 추억이 될 만한 것들이야. 이런 소품들이라면 내가 카리브 해를 떠돌면서 만난 풍물과 세상을 당신에게 자랑삼아 보여줄 수 있을 텐데 말이야. 하지만 나의 동행, 돌덩이처럼 무거운 두 개의 배낭과 눈이 마주치는 순간 단념해야 했어. 언제쯤 이 배낭은 나에게 자유를 줄까.

마야의 도시가 모두 그렇듯이 욱스말에도 작열하는 태양은 멈출 줄 몰라. 하지만 오늘 밤에 팔렝케Palenque로 떠나는 버스를 예약해 놓은 터라 오후의 산책을 피할 도리가 없었어. 이제 마야의 흔적을 더듬는 일은 욱스말과 팔렝케만 남았어. 앞으로 삼일만 태양을 견디면 된다는 생각에 이처럼 무모한 결정, 한낮에 유적지를 돌아보는 모험을 결행했어.

욱스말은 '세 번 세워졌다'는 뜻이야. 마야의 건축술이 예술의 경지에 이른 고전기^{AD 7~10세기}에 건설된 도시야. 코판이나 티칼, 치첸 잇사 등 지금 주목을 받고 있는 유적지는 대부분 마야의 왕과 사제들이 머물던, 도시이자 거대한 사원이었어. 평민들은 사원의 외곽에 살며 특별한 행사가 있거나 물건을 교환할 때 사원을 찾았어. 따라서 지금의 사원에 존재하는 건물들은 마야인들이 의지하는 신에게 바쳐진 것이거나 아니면 왕이나 고위 사제들이 머물던 공간들이야.

욱스말 입구에 서 있는 '마법사의 피라미드'는 마야의 신에게 바쳐진 사원 가운데서도 독특한 모양을 하고 있어. 이 피라미드는 직사각형이 아닌 거의 타원형에 가깝게 만들어졌어. 신전으로 오르는 계단은 동쪽과 서쪽에 나 있는데 기울기가 무려 60도가 넘어. 이 피라미드를 오르려면 줄 없이 암벽등반을 하는 정도의 각오가 필요해. 하지만 그런 용기를 낼 필요는 없었어. 몇 년 전부터 계단이 빠르게 허물어지고 있어 등반을 통제하기 때문이야. 이 피라미드에는 난쟁이 마법사 신화가 서려 있어. 아기장수가 하루 만에 뚝딱 산성을 쌓았다는 한국의 전래 설화처럼, 난쟁이 마법사가 요술을 부려 하루 만에 이 피라미드를 쌓았다는 식이야. 하지만 이것은 전설일 뿐, 고고학자들에 따르면 이 피라미드는 400년에 걸쳐 다섯 번 증축되었다고 해. 새로운 왕이 즉위할 때마다 신전을 하나씩 세우면서 피라미드의 높이를 올린 셈이야. 이 신전은 비와 천둥을 주관하는 마야의 신 차크에게 바쳐졌어. 욱스말을 포함한, 유카탄 반도의 끝머리는 예전부터 물이 귀했어. 암반이 석회암 지대라 비가 내리는 족족 지하로 스며들어. 유적지 주변에 흔한 개울조차 하나 없는 것도 이 때문이야. 따라서 비는 마야인들의 생명줄과 같은 존재였어.

피라미드의 서쪽 마당에서 바라보면 신전의 정상부에 커다란 문이 있어. 이 모습을 주의 깊게 보면 그냥 입구가 아니라는 것을 알게 돼. 문은 차크의 거대한 입이야. 문 위로 코와 눈, 여덟 팔八 자 모양의 수염조각이 있어. 얼굴은 또 수많은 차크의 모습으로 치장됐어. 거대한 차크상을 다시 수십 개의 작은 차크상으로 조각했다고 보면 돼. 차크의 모습은 이웃한 '수녀원 사각건물'의 벽에도 지천이야. '통치자의 궁전'이나 '위대한 피라미드' 등 욱스말에 허물어지지 않고 남아 있는 모든 건축물에 차크가 조각되어 있어. 비에 대한, 물에 대한 마야인들의 절박한 염원이 그렇게 수많은 차크의 형상으로 남아 있는 거야.

차크의 조각물을 하나하나 훑다보면 예술의 경지에 이른 마야인들의 건축술이 느껴져. 차크는 돌을 다듬어 격자세공을 한 거야. 차크의 얼굴을 몇 등분으로 나눈 뒤 각각의 등분에 맞게 돌을 다듬고 조각한 것을 건물 외벽에 모자이크처럼 붙인 거야. 이런 식의 건축술—건물의 외벽을 돌을 이용한 모자이크로 장식한 것—을 푸크Puque라 불러. 차크의 얼굴에서 인상적인 것은 코야. 마치 코끼리의 코처럼 길면서 앞부분은 정면을 향해 반원형으로 솟았어. 대부분은 천 년 세월을 견디지 못하고 중간이 부러져 나갔지만 그 중에는 원형 그대로 보존된 것이 있어. 철을 사용할 줄 몰랐다는 그들이 이처럼 매끄럽게 곡선으로 돌을 다듬어 냈다는 것이 참으로 믿어지지가 않아.

그레이엄 헨콕은 〈신의 지문을 찾아서〉라는 책에서 마야의 문명을 일깨워 준 또 다른 문명이 있었다고 주장해. 그는 철과 바퀴를 사용할 줄 몰랐다는 마야인들이 이처럼 건축을 예술의 경지까지 끌어올린 것은 불가능하다고 여겼어. 그의 주장에 따르면 마야는 역사에 등장하는 순간부터 고도의 문명을 가지고 있었어. 역사가 진보하는 필연적 과정, 즉 문명이 태동하고 발전하는 과정이 생략된 채 처음부터 완벽한 문명으로 역사에 나타났다는 거야. 그의 결론은 인류문명이 태동하기 전, 세계 4대 문명이 시작된 기원전 5,000년 전에 이미 지구상에는 뛰어난 문명—현대와 버금가거나 혹은 더 뛰어난—이 존재했고, 그들의 지도 아래 마야문명이 꽃 피었다는 거야. 그는 그 논리의 근거로 라틴 아메리카에 융성했던 고대 문명을 예로 들어. 기원전 3,000년경 남미 안데스 티티카카^{Titicaca} 호수 일대에 꽃 피웠던 티와나쿠^{Tiwanaku} 문명과 그 문명을 이끌었던, 바다를 건너온 현인 바라코차 전설, 면도칼 하나도 들어갈 수 없게 바위를 다듬어 성벽을 쌓은 페루의 잉카문명, 멕시코 문명의 시발점이라 불리는 올멕^{Olmec}의 거대한 석인상—이 석인상은 당시에는 왕래가 불가능했던 아프리카 흑인의 얼굴과 흡사하다— 등이 그가 든 예야. 또 지금은 세계 7대 불가사이 가운데 하나로 불리는, 페루 이타카마^{Itakama} 사막에 그려진 거대한 지상화의 수학적 치밀함과 지구의 공전 주기와 자전축의 기울기, 몇 백만 년 전까지 계산할 수 있는 달력 등 마야의 고도로 발달한 천문학과 수학 역시 누군가, 혹은 어떤 문명의 도움으로 얻어진 것이라 주장해. 이 같은 그의 주장에 전적으로 동의를 하는 것은 아냐. 하지만 그의 책이 내 상상력의 지평을 한걸음 넓혀준 것은 사실이야. 고고학 산책의 묘미, 하나의 문명이 남기고 간 흔적을 화두로 삼아 마음껏 상상의 나래를 펴는 재미를 일깨워줬어. 시작도 끝도 신비에 쌓인 마야라는 문명을 앞에 두고 그가 세운 가설은 사실처럼 받아들여질 만큼 흥미로워.

　욱스말은 확실히 치첸 잇사보다 관광객의 발길을 덜 받고 있었어. 가이드를 졸졸 따라 다니는 몇몇의 관광객만이 있을 뿐이야. 아무리 오후 햇살이 뜨거운 시간이라 해도 관람객의 숫자가 턱없이 적었어. 이는 아메리카 최대 휴양지인 칸쿤에서 점점 멀어지고 있다는 것을 의미해. 가이드의 낭랑한 말소리조차 멀어지고 인적조차 끊기면 유적지에는 더욱 쓸쓸함이 묻어나. 공상의 나래를 펴기 좋아하는 나에게는 오히려 잘된 일이야. 나는 수녀원 사각건물의 텅 빈 안뜰에서 황톳빛이 선연한 건물의 외벽을 장식한 조각들을 하나하나 뜯어보는 여유를 누렸어. 그 일도 따분해지면 수많은 차크가 내려다보는 안뜰의 계단에 앉아 천 년 전 마야의 도시를 상상해.

마야인들은 밀림에 건설한 자신들의 왕궁을 붉은색으로 칠했을 거야. 태양이 이글이글 불 탈 때면 피라미드를 비롯한 사원 전체가 황금빛으로 빛나게 말이야. 누가 봐도 절로 외경심을 불러일으키는 피라미드 위에서 마야의 왕은 하늘의 계시를 전하고, 광장에 구름떼처럼 몰려든 수만 명의 사람들은 그들의 신과 하늘에 경배해. 난전이 펼쳐진 수녀원 사각건물 앞 주랑 밑에는 손수 짠 위필과 나무를 깎아 만든 그릇을 흥정하느라 북적거렸을 거야. 그 앞의 볼 코트에서는 자신의 몸을 기꺼이 바칠 각오가 된 선수들이 생사를 건 경기를 치렀을 테고. 다시 밀림의 밤이 찾아오면 사람들은 하나둘씩 마을로 돌아가고 사원에는 왕과 고위 사제들만 남아 별자리를 보며 마야의 운명을 점쳤을 거야. 그들은 점점 힘을 잃어가는 태양신을 염려하며 인류의 멸망을 막기 위해 인간의 팔딱이는 심장을 찾아 나설 계획도 세웠을 거야. 어둠이 점점 깊어져 그들의 깊은 시름도 잠들고 나면 사원에는 한없는 정막감이 감돌았겠지. 다시 새벽이 오고, 밀림 위로 태양이 솟아나면 마법사의 피라미드는 붉은 광채를 토해내며 다시 마야의 마을을 비추었을 테고.

마야의 미소와 작별하다

팔렝케 Palenque 버스터미널에 내린 것은 오전 3시였어. 메리다에서 장거리 버스를 타고 밤새 달려온 길이야.

터미널에서 멕시코시티로 가는 버스표를 끊은 후 망설였어. 딱히 갈 곳을 정해놓은 것이 아니었거든. 길을 따라 끊임없이 이동할 때는 숙소를 정하는 게 의미가 없을 때가 있어. 일단 그곳까지 가는 게 지상과제이고, 숙소는 그 다음이야. 칸쿤에 있을 때만 해도 이 깊은 새벽에 이곳에 당도하리라고는 전혀 예상하지 못했어. 어떻게 할까. 터미널에서 아침까지 버틸 자신은 없었어. 그렇다고 여관에서 몇 시간을 부비는 것도 내키지가 않았어.

내가 거처를 정하지 못하고 터미널에서 서성일 때 미국 콜로라도에서 왔다는 사내가 말을 걸어 왔어. 그도 이 밤에 혼자 움직이는 것이 내키지 않았던 모양이야. 그는 팔렝케 유적 입구에 있는 캠프로 함께 가지 않겠냐며 자신에게 마침 그물침대 두 개가 있다고 했어. 망설일 이유가 없잖아? 나는 선뜻 그를 따라 나섰어. 우리는 택시를 불러 칠흑 같은 밀림의 어둠을 헤치고 갔어.

게스트하우스의 오두막 밑에 그물침대를 걸고 누웠지만 좀처럼 잠을 이룰 수가 없었어. 반바지 차림으로 싸늘하게 식은 밤공기를 견디는 것은 너무 무리였어. 팔렝케는 지금까지 거쳐 온 여타의 마야 유적지와 달리 아주 습했어. 이곳으로 신혼여행을 왔던 체 게바라가 천식이 도져 서둘러 멕시코시티로 돌아간 것도 습한 날씨 때문이야. 그물침대는 오두막의 기둥에 거는 그 짧은 동안에 이미 습기를 머금어 축축해졌어. 차갑고 축축한 그물침대의 느낌 덕택에 잠은 점점 더 달아났지.

배낭에서 옷가지를 꺼내려다 그만뒀어. 그물침대를 치느라 이미 한 차례 소란을 떨었던 터라 또 한 번 다른 여행자들의 단잠을 방해할 수는 없는 일이잖아. 새우처럼 잔뜩 몸을 구부린 채 이리저리 몸을 뒤척이다 더는 견딜 수 없어 자리를 털고 일어났어. 몸은 천근만근으로 고됐지만 추위를 견디며 누워 있는 것보다는 차라리 걷는 게 나을 듯 싶었어.

매표소에 닿았을 때는 온몸이 땀으로 범벅이 됐어. 캠프에서 고작 30분밖에 안 걸었는데도 말이야. 확실히 이곳의 밀림은 이전과 달라. 다른 마야의 사원들이 평지에 있는 것과 달리 이곳은 산 중턱에 자리했어. 그것도 산세가 제법 험하고 가팔라서 오르는 데 꽤나 힘이 들었어. 안티구아를 떠나 마야의 유적을 찾아 유카탄 반도를 헤매는 동안 산처럼 생긴

곳을 보기는 이곳이 처음이야. 바위 턱에 걸터앉아 한참을 쉰 후에야 용기를 내 사원으로 발걸음을 옮겼어.

1949년 고고학자 알베르토 루스 루이에르는 상형문자가 빼곡하게 적혀 있어 '비문사원'이라 명명된 팔렝케 피라미드의 사원에서 지하로 내려가는 계단을 발견해. 계단은 누군가에 의해 바위와 돌로 막혀 있었어. 발굴자들은 계단을 가로막고 있는 돌과 바위를 치우며 이 비밀의 계단이 어디로 연결됐는지를 찾기 시작했어. 그로부터 3년 후 25m의 계단을 파내려간 고고학자들은 무덤을 발견했어. 높이 7m, 가로 9m, 세로 4m의 무덤에는 거대한 석관이 놓여 있었어. 고고학자들이 화려하게 조각된 석관의 뚜껑을 열자 그 안에는 1,200년 전에 마야를 통치했던 파칼이 잠들어 있었어. 이 대단한 발견은 그동안 신비에 쌓여 있던 마야문명을 연구하는 데 많은 단서를 제공했어.

팔렝케는 유카탄 반도에 남은 마야의 유산 가운데도 손꼽는 곳이야. 마야문명이 움트기 시작한 기원전 1세기부터 일찍이 도시가 건설됐고, AD 6~8세기에는 주변의 도시를 거느린 마야의 수도로 전성기를 누렸어. 당시 이곳을 지배하던, 파칼을 비롯한 마야의 통치자들은 사원과 궁전의 벽에 그려진 초상화로 남았어. '비문의 사원'에 새겨진 617개의 상형문자는 마야의 통치자들이 주변의 도시들을 정복하며 쌓은 업적을 기록한 것들이야. 물론 아직까지 극히 일부분만 해석 되었지만.

발걸음이 얼마나 더딘지 몰라. 산중턱에 자리한 유적지까지 걸어오느라 처음부터 힘을 빼기도 했지만 독특하게 배치된 유적 때문이기도 해. '저문 달의 사원'과 비문사원의 파칼의 무덤, '십자가 사원' 등을 제대로 보려면 유적을 일일이 올라봐야 했어. 대수롭지 않아 보이던 계단도 몇 번을 반복해서 오르자 장딴지가 퍽퍽해졌어. 정오를 향하면서 힘을 얻은 태양도 무겁게 어깨를 찍어 누르고, 물먹은 스펀지처럼 몸이 퍼져 그늘만 나타나면 다리쉼을 해야 했어.

팔렝케에서 눈길을 끈 것은 마야의 전사들이 묘사된 벽화와 유적의 중앙을 차지한 궁전이야. 팔렝케의 신전에는 저마다 한두 점의 벽화가 있어. 어떤 것은 빛이 바래 눈을 부릅뜨지 않으면 보이지 않는 것도 있고, 또 어떤 것은 당장이라도 벽을 뚫고 나와 움직일 것처럼 생동감이 넘쳐. 이 벽화들은 돌을 다듬어 새겼던 다른 곳과 달리 회반죽을 이용해서 만들어진 게 많아. 회반죽을 벽에 붙인 후 날카로운 끌로 새긴 거야. 당연히 딱딱한 돌에 새기는 것보다 훨씬 섬세하고 정교하게 조각할 수 있었겠지? 벽화 속의 마야인은 유카탄 반도에서 만났던 그의 후손들과 별반 다르지 않았어. 벽화 속 마야인 얼굴의 특징은 미간이 없이 이마에서 곧장 흘러내린 주먹코와 두툼한 입술이야. 머리에는 새의 깃털과 재규어 가죽으로 만든 장식을 썼어.

유적의 중앙을 차지한 궁전은 그 위치 덕에 자연히 주목을 끌어. 대부분 허물어진 궁전의 지붕돌 위에는 4층 높이의 망루만 오롯하게 솟아 있어. 천문대나 혹은 감시 초소쯤으로 쓰였을 거야. 가로 100m, 세로 80m나 되는 이 거대한 궁전 내부는 미로처럼 연결되어 있어. 미로를 따라 다니다 보면 안뜰에 이르게 되는데, 이곳에도 마야 전사들을 묘사한 부조들이 놓여 있어. 포로를 다루는 전사의 늠름한 모습은 천 년 세월이 지난 지금에도 생동감이 철철 넘쳐.

다시 궁전의 그늘에 앉아 다리쉼을 해. 더 이상 걸을 힘이 없어. 아직 눈길조차 마주치지 못한 유적이 숱한 데도 말이야. 밀림에 숨어 있는 것

까지 합하면 며칠이 걸려도 모자랄 듯 싶어. 대부분의 여행자들도 불볕더위를 견디지 못하고 서둘러 자리를 떴어. 사원의 그늘마다 난전을 쳤던 장사치도 보따리를 꾸리고 있어. 이제 내 몸 안에 에너지가 한 방울도 남아 있지 않다는 게 느껴져. 그러나 아직 한 가지 해야 할 일이 남았어. 마야의 땅과 작별하려면 밀림의 정원을 산책해야 해.

팔렝케의 숨겨진 보석 같은, 밀림의 정원은 으뜸그룹—궁전과 비문사원이 있는—에서 박물관으로 가는 길에 있어. 길이 밀림에 묻히면서 다른 마야의 유적지에서는 볼 수 없었던 아름다운 정원이 시작돼. 길은 가파른 비탈을 요리조리 돌아내려가고, 그 길을 내려서면 작은 폭포가 있어. 궁전 곁을 스쳐 지나는 계곡이 지하로 흐르다가 이곳에서 폭포가 되어 떨어지는 거야. 작은 소로 떨어지는 폭포물살 소리가 얼마나 시원한지 당신은 상상조차 할 수 없을 거야. 햇살 한 올 파고들지 않는 정글 속에 앉아 물보라가 하얗게 이는 폭포물살을 바라보는 이 행복은 뭐랄까, 연극의 말미를 장식하는 카타르시스와 같아. 폭포를 한없이 바라보다 눈길을 돌리면 마야의 석공이 다듬었을 돌들이 이끼에 덮여 묻혀 있어. 이제는 허물어져 형체도 알 수 없는 버려진 유적이 정글 곳곳에 또 얼마나 될까. 어쩌면 이 돌은 이렇게 이름도 없이 묻히는 게 다행인지도 몰라. 유럽에서 온 야만의 손길에 산산조각이 나느니 이렇게 정글 속에 묻혀 본래의 자연으로 되돌아 갈 수 있으니 말이야.

유럽의 사관에서 보면 콜럼버스의 신대륙 발견이 인류의 진보를 의미할지 모르지만 아메리카 대륙에 피어났던 숱한 문명들에게는 참혹한 피의 역사의 서막이었어. 그들의 신식 무기 앞에 아메리카 대륙을 지배하던 문명은 100년 만에 자취를 감췄어. 군대가 휩쓸고 지나간 다음은 종교청소부를 자처하며 십자가를 지고 온 가톨릭 성직자의 몫이었어. 그들은 원주민들의 문화와 신앙을 우상숭배라 규정하고 닥치는 대로 때려 부쉈어. 마야의 피라미드 위에 성당을 지었고, 잉카의 왕궁을 허물고 그 돌을 가져다 수도원을 세웠어. 멕시코시티에서는 아스텍의 수도 전체를 땅속에 묻고 그 위에 식민의 도시를 건설했어. 그들은 개종하지 않는 자들은 가죽을 벗겨 죽이는 끔찍한 짓을 일삼으면서도 오히려 원주민을 야만인으로 취급했지. 마야문명의 몰락이 수수께끼에 빠져든 것도 그들이 마야의 유산을 철저하게 파괴했기 때문이야. 지금 우리가 볼 수 있는 것은 스페인 점령자들이 스쳐 지나지 않은, 너무 깊은 밀림에 있어 접근조차 할 수 없었던 곳들이 전부야. 어쩌면 치첸 잇사나 티칼보다 더 화려하고 찬란했던 마야의 문화유산들이 그들의 손에 의해 흔적도 없이 파괴되어 버렸는지도 모를 일이야. 아메리카의 근대사는 그렇게, 시작부터 잘못 꿰어진 단추와도 같이 철저히 뒤틀려 버린 거야.

그런 슬픈 역사의 기억은 유카탄 반도 어디에나 있어. 인간의 역사는 늘 지배자에 의한 피지배자의 착취와 수탈이라는 틀을 벗어나지 못하고, 언제나 승리자의 관점에서 써지니까. 변방의 문명이 매번 어두운 그늘 속에 버려지는 일은 우리가 살고 있는 지구 어느 곳에서나 마찬가지야. 혹여 사람들은 그런 게 무슨 상관이냐고 되물을지도 몰라. 이미 흘러간 역사에 마음을 두지 말고 이처럼 아름다운 땅에서는 그냥 편히 쉬었다가면 된다고. 하지만 그렇게 한가한 마음으로 유카탄을 돌아보기에는 이 땅의 사람들이 감내해야 했던 역사의 상처가 너무 커. 북아메리카의 원주민—우리가 인디언이라 부르는—들이나 마야와 아스텍 등 중남미의 크고 작은 문명들, 멀리는 잉카와 볼리비아 고원 인디오들의 고단한 삶은 지금도 계속되고 있어.

우리가 삐뚤어진 역사에 분노하는 것은 500년간 지속된 이들의 고통이 지금까지 대물림되고 있기 때문이야. 그런 삐뚤어진 역사의 수레에 깔려 신음하는 이들에게 보여줄 수 있는 나의 용기란 부끄럽게도 이런 정도의 푸념이야. 하지만 체 게바라는 달랐어. 1955년 가을 일다와 함께 마야의 유적을 찾아 유카탄 반도로 신혼여행을 떠났던 체 게바라는 팔렝케의 허물어진 돌무더기에서 그 저주스런 역사의 단면을 꿰뚫어 봤어. '당신의 돌 속에는 그 무엇이 살아 있다'고 읊었던 그의 시를 읽어봐! 체 게바라는 그에게 운명처럼 주어진, 국경과 문명을 뛰어넘어 라틴 아메리카 혁명에 투신하려는 다짐을 이곳 팔렝케의 허물어진 돌덩이에서 찾아낸 거야. 끊임없이 대물림되는 역사의 악순환을 끊으려 했던 그의 불꽃같은 열정은 바로 저 말없이 정글에 묻혀 있는 돌덩이, 바로 마야의 혼에서 얻은 것이었어.

당신의 돌 속에는 그 무엇이 살아 있다.
푸른 새벽의 자매와
당신의 유령들의 침묵은
왕들의 무덤들에 대한 추모
말없는 안경을 쓴 어떤 '현인'의 무심한 송곳이
당신의 심장을 꿰뚫고 지나가고
백인여행객들이 어리석게 내뱉는 '오!'라는
무례한 공격도 당신의 뺨을 때린다.

그러나 당신 속에는 그 무엇이 살아 있다.
그것이 무엇인지 나는 말하지 못하지만
숲은 자신의 줄기로 당신을 감싸주고
자신의 뿌리로 자비롭게 당신을 긁어주고 있다.
거대한 동물학자가 핀을 휘둘러
왕의 사원을 고정시키려 하지만
당신은 여전히 죽지 않는다.
당신이 젊은 시절에 살아서 고동치던 것처럼
수세기를 넘어서
당신을 지탱하고 있는 힘은 무엇인가.
마지막 날에, 어떤 신이 당신의 별에게
생명의 숨결을 불어넣어 줄 것인가?
그것은 어쩌면 유쾌한 태양일까?
그렇다면 치첸 잇사에서는 왜 안 그랬을까?
그것은 어쩌면 숲의 유쾌한 포옹이나
새들의 흥겨운 지저귐일까?
그리고 왜 키리구아는
더욱 깊이 잠들어 있는가?
그것은 어쩌면 거친 대지를 두드리는
흥겨운 봄의 연주일까?
그러나 아직 잉카는 죽어 있다.

체 게바라가 팔렝케에서 쓴 '당신의 돌 속에는 그 무엇이 살아 있다' 전문

이쯤에서 이 아름다운 문명과 작별을 고할까 해. 과테말라의 안티구아에서 시작해 마야를 찾아 나선 여정은 고고학 산책이 얼마나 행복한 일인가를 일깨워준 시간이었어. 그것은 '인디아나 존스' 같은 오락영화 속에 나오는, 잔뜩 뒤틀려버린 문명의 이야기와는 다른 거야. 제3세계에 대한 편견을 걷어내고, 진짜 이 땅의 역사를 마음껏 사색할 수 있게 나를 이끌어주었어. 나는 마야의 도시를 돌아보면서 밀림에 버려진 돌 하나에도 아주 소중한 비밀이 숨어 있음을 깨달았어. 먼먼 과거로부터 알 수 없는 미래의 시간까지 통찰하려 했던, 우주의 공간까지 지적 사유를 넓혔던 마야의 뛰어난 문명이 숨 쉬고 있음을 느꼈어. 티칼의 밤하늘을 수놓던 반딧불이를 보며 마야의 순수한 영혼을 느꼈고, 치첸 잇사의 피라미드에서는 시간의 연속성을 보았어. 그 영원한 시간 속에서라면, 팔렝케의 벽화에 들어앉은 마야인들의 미소 역시 세월이 가도 지워지지 않을 거야. 이처럼 아름다운 문명이 소리 없이 자취를 감추고, 학교에서 배우는 역사책에는 단 한 줄도 등장하지 않는다는 것이 가슴 아파. 지금도 우리의 아이들은 지루하고 고리타분한 세계사를 외우고 또 외우며 이 아름다운 문명들과 담을 쌓고 있겠지? 죽은 지식으로만 역사와 문명을 만나는 현실이 안타깝기만 해.

　오늘은 갈 길이 멀어. 다시 멕시코시티를 향해 밤을 새워 달려가야 해. 이만 줄일게. 체 게바라가 사랑하는 딸에게 보내는 편지 끝에 늘 그렇게 썼듯이, 마야의 순수한 영혼과 카리브 해의 바람이 담긴 포옹과 키스를 보내.

4

쿠바 혁명의 길

베네수엘라
가이아나
수리남
프랑스령 기아나
브라질

★

1955년 7월 9일 밤 10시. 메시코시티 레프블루카 광장 근처에 있는 엠파랍 가街 49번지 마리아 안토니아 산체스 곤잘레스라는 여인의 비좁은 아파트에서 체 게바라와 피델 카스트로는 운명적으로 만난다. 밤샘 토론 끝에 두 사람은 쿠바 혁명에 의기투합한다. 이때부터 그의 이름은 에르네스토 게바라가 아닌, '체'로 불리게 된다. 평범한 의사에서, 한 시대를 뜨겁게 살다간 혁명가로 다시 태어나는 순간이다.

1956년 2월 15일. 첫딸 일디타가 태어났다.
체 게바라는 일디타를 위해 '가장 깊은 사랑
의 꽃잎'이란 시를 지어 주었다.

아르헨티나의 얼굴과
안데스에서 자라는 나무의 단단함을
부여받은 강인한 기질
페루 민족이 그대에게 준 부드럽고 섬세한 갈색 피부
더불어 멕시코의 대지는
넘치도록 풍요로운 온화함을 베풀었네.

사랑이여, 안녕

밤이 깊어가는 멕시코시티 소칼로^{Zocalo} 광장에는 흥겨움이 넘쳐나. 사각의 광장을 따라 질서 있게 움직이는 차량에서 쏟아져 나온 불빛들, 백화점 건물 외벽을 장식한 화려한 조명들이 썸며 크리스마스가 시작됐음을 알려. 젊은 청춘들은 그 불빛들을 바라보며 기타를 치고, 사진을 찍고, 키스를 나눠. 그들 틈에 서서 이 번화한 도시의 과거와 오늘을 생각해 보고 있어.

인구 2,000만 명이 살고 있는 지상 최대의 도시, 멕시코시티! 스페인 식민지 시절에 건설되어 지금껏 라틴 아메리카를 대표하는 도시로 명성을 굳힌 멕시코의 심장이야. 그러나 멕시코시티의 영화는 그것보다도 한참 더 깊어. 정복자 코르테즈가 스페인 군대를 끌고 와 이곳을 초토화시키기 전에 이미 멕시코시티에는 인디오들의 아름다운 문명이 있었어. 그들은 이집트의 피라미드에 버금가는 피라미드를 만들었고, 수십만이 거주하던 고대왕국을 건설했지. 그러나 스페인 통치자들은 그들의 문명을 인정하지 않았어. 오히려 철저히 파괴함으로써 인디오들이 자신들을 한없이 두려운 존재로 여기게 만들었지. 그리고는 고대왕국이 있던 자리를 부수고 그 자리에 다시 스페인풍의 도시를 건설해. 그것이 오늘날 멕시코시티가 된 거야. 지금도 소칼로 광장 한편에서는 고대 아스텍문명의 발굴 작업이 한창이야.

며칠 동안 멕시코시티에 머물며 휴식을 취했어. 유카탄 반도를 돌며 지친 몸을 추스르고 다시 쿠바로 가기 위한 재충전의 시간이 필요했거든. 그 동안 체 게바라와 일다가 신혼의 단꿈에 젖어 살던 흔적을 더듬어 봤어. 체 게바라와 피델 카스트로 등 쿠바 혁명의 주역들이 역사적인 만남을 가졌던 거리를 찾아 헤매기도 했고, 멕시코 영웅들의 동상이 거리를 따라 늘어선 레포르마 Reforma 대로를 녹신할 정도로 걷기도 했어. 지금도 어떤 문명이 이룩한 것인지조차 밝혀지지 않는 고대 도시 테오티우아칸 Teotihuacan 에서 피라미드를 올라봤고, 국립 인류학 박물관 Museo Nacional de Antropolpgia 에서는 유카탄 반도의 마야 유적지에서 미처 보지 못했던 마야의 아름다운 조각물과 팔렝케 비밀사원 밑에서 발견된 파칼 왕의 무덤 속을 들여다봤어. 또 멕시코의 예술가들이 모여 산다는 산 앙헬 San Angel 거리를 거닐기도 했고, 멕시코시티 사람들이 휴일을 보내는 소치밀코 Xochimilco 에서 화려한 문양으로 치장한 배를 타고 수로를 따라가며 뱃놀이도 했어.

어쩌면 체 게바라와 일다가 보낸 가장 행복한 시간이 이곳 멕시코시티가 아닐까 해. 과테말라에 군사 쿠데타가 일어나고, 그곳이 더 이상 혁명가들의 안식처가 될 수 없게 되자 두 사람은 멕시코시티로 와. 이곳에서 두 해쯤 머물며 평범한 사람들이 누리는 일상을 그들도 누려. 결혼을 했고, 신혼여행을 갔고, 아이가 태어났어. 그 사이 쿠바 혁명을 위한 비밀작전이 진행되어 체 게바라는 틈만 나면 게릴라 훈련을 받으러 다녔어. 그러나 두 사람의 행복한 시간은 서서히 결말을 향해 치닫게 돼. 피델 카스트로가 쿠바 혁명을 위해 비밀리에 조직을 만들고 훈련시키고 있다는 것을 눈치 챈 멕시코 경찰의 기습으로 피델 카스트로와 체 게바라가 경찰서 유치장에 갇히거든. 다행히 멕시코 정부 인사들과 두터운 친분 관계를 맺고 있던 피델 카스트로의 도움으로 체 게바라는 풀려나. 그러나 그것은 어디까지나 일시적인 조치일 뿐이야. 쿠바 바티스타 정권과 미국 CIA는 눈엣가시 같은 피델 카스트로를 제거하기 위해 점점 더 포위망을 옥조였어. 더 이상 지체할 시간이 없었어. 쿠바 혁명을 향한 출정을 앞당겨야 했어.

출정을 앞두고 체 게바라는 아내 일다와 사랑하는 딸 일디타와 작별해. 일다와 일디타는 페루로 돌아가기로 했어. 쿠바 혁명이 성공한 뒤 다시 만나 예전처럼 행복한 가정을 꾸리자는 다짐과 함께. 하지만 그 다짐은 이뤄지지 않아. 두 사람의 운명적 사랑은 거기가 끝이었지. 체 게바라는 쿠바에서 게릴라를 이끌고 아바나로 진격하는 동안 두 번째 아내를 만나거든. 쿠바 혁명이 성공한 후 일다와 체 게바라는 아바나에서 재회하지만 이미 체 게바라는 다른 여자의 남자가 되어 있었던 거야. 일다의 슬픔은 깊었지만 혁명에 대한 그녀의 열정은 체 게바라 못지 않았어. 그녀는 비록 사랑하는 사람이 자신을 떠났지만 혁명의 승리라는 벅찬 감동을 가슴에 품고 아바나에 정착해. 무엇보다도 소중한 딸 일디타가 그녀의 품에 있었기에 아픈 시간들을 견딜 수 있었을 거야.

★

1956년 11월 25일 오전 1시 30분. 겨울비가 추적추적 내리는 가운데 82명의 원정대를 태운 낡은 요트, 그란마^{Granma} 호가 칠흑 같은 어둠을 헤치고 출항한다. 쿠바 혁명이란 원대한 꿈을 가진 이들 82명의 몽상가들은 앞으로 자신들의 운명이 어떻게 전개될지 전혀 알지 못한다. 다만, 쿠바 혁명에 대한 그들의 확신과 신념만이 활활 타오르고 있었다. 이들 가운데는 아르헨티나 출신의 의사 체 게바라도 있었다. 체 게바라는 쿠바 원정을 앞두고 어머니에게 띄운 편지에서 앞으로 펼쳐질 자신의 미래에 대해 격정적으로 토로했다.

"저는 예수와 전혀 다른 길을 걷고 있습니다. 저는 힘이 닿는 한 모든 무기를 동원해 싸울 것입니다. 저들이 나를 십자가에 매달아 두게도 하지 않을 것이며, 어머니가 바라는 방식대로 하지도 않을 것입니다."

★

1956년 12월 2일. 물도, 연료도, 단 1g의 식량도 남지 않았을 때 그란마 호는 쿠바 섬 동쪽 끝 늪지대 해안에 좌초한다. 다음날 그란마 호를 발견한 어부의 신고로 원정대는 정부군의 무차별 공격을 받는다. 이 과정에서 체 게바라도 포탄 파편에 맞아 큰 부상을 당한다. 며칠 동안 계속된 정부군의 공습이 끝난 뒤 82명의 원정대 가운데 살아남은 대원은 불과 14명. 쿠바 상륙의 대가치고는 너무나 혹독했다.

아바나에서의 첫날밤

당신은 아마 상상할 수 없을 거야. 도심 한 복판에서 닭 우는 소리를 들으며 눈을 뜬다는 사실을 말이야. 아바나 다운타운에 있는, 미국 워싱턴 의사당의 돔형 지붕과 흡사한 카피톨리오Capitolio 뒤편의 낡은 아파트에 배낭을 풀고 맞은 쿠바에서의 첫날밤. 단잠에 취한 나의 귀로 흘러드는 그 울음소리를 들으며 나는 꿈을 꾸고 있다고 여겼어. 아파트가 밀집한 한 나라의 수도 한복판에서 수탉의 울음소리를 들으리라고는 상상도 못했거든. 하지만 분명히 닭 우는 소리였어. 밤늦도록 시끌벅적하던 거리가 이슬에 젖어 쥐죽은 듯 조용해진 새벽. 미명을 헤치며 고고히 울려 퍼지는 그 청량한 소리라니. 그 소리에 눈을 떠 창문을 열었어. 서늘한 공기가 목덜미를 휘감아. 다시 어디선가 또 닭이 울어. 나는 그 소리를 들으며 내가 '금단의 나라 쿠바'에 있다는 사실을 느꼈어.

아바나로 오는 비행기 속에서 나는 야릇한 흥분에 휩싸였어. 이 흥분은 다른 나라를 찾아갈 때와는 조금 달랐어. 쿠바는 멕시코나 과테말라와는 전혀 다른 세계야. 미국이라는 자본주의 우두머리 국가와 50년 동안 한 치의 양보도 없이 싸우고 있는 사회주의 국가지. 한국과는 외교관계는 물론 볼펜 한 자루조차 교역하지 않는 나라이기도 하고. 그러나 쿠바는 정형화된 사회주의 나라와는 어딘가 모르게 달라. 딱히 어떤 표정이라고 말할 수 없는, 사회주의 속성과 열대의 자유분방함이 뒤섞여 그들만의 독특한 얼굴을 하고 있어. 어떻게 보면 전혀 어울릴 것 같지 않은, 물과 기름처럼 융화될 수 없어 보이는 두 가지 코드가 어울려 전혀 다른 사회주의 국가가 된 거야.

사회주의의 근간은 냉철한 이성과 치밀한 논리야. 하나의 세계관을 뒤엎고 다시 새로운 사상이 지배하는 사회를 건설하려면 그 사상을 뒷받침하는 이론이 필수야. 또한 자본주의 국가에 맞서 그 사회를 견고히 유지하기 위해서는 끊임없는 선전선동으로 민중들을 재무장시켜야 해. 그래서 이성과 논리는 겨울바람에 언 유리처럼 차가움을 띠고 있어. 사회주의 국가들이 대부분 겨울이 긴 북반구에 존재했던 것도 이와 맥이 같아. 하지만 쿠바의 사회주의를 말할 때는 감성을 빼놓을 수가 없어. 아니 이 사회는 사회주의적인 요소보다 감성에 의해서 지배된다고 해야 맞을 거야.

열대에서 불어오는 뜨거운 바람은 쿠바인들을 가만 놔두지 않아. 야자수가 바람에 흔들리듯 뜨거운 피가 흐르는 그들의 몸은 언제라도 흔들릴 준비가 되어 있어. 어디서고 음악만 흘러나오면 더운 피를 어쩌지 못

하고 그들의 몸은 격렬하게 흔들려. 그들의 열정에 찬 몸짓을 살사니 맘보니 하는 식으로 장르를 나누는 것은 의미가 없어. 춤은 그들의 본능이고, 그들은 몸이 흔들릴 때 살아있음을 느껴. 그 뜨거운 피는 하나의 틀 안에, 하나의 사상에 안주하는 것을 거부해. '카스트로이즘'으로 불리는 쿠바 사회주의 이론도 그들의 자유본능을 가두지는 못해. 그 틀과 사상을 깨고 나오는 쿠바인들의 감성은 물리적인 힘이 아냐. 마치 공상과학 영화에서 등장하는, 몸을 자유자재로 변신시키는 사이보그가 액체로 변해 벽을 뚫고 나오듯이 자연스럽게 틀을 빠져 나와. 혁명 반세기를 이끌고 있는 피델 카스트로는 쿠바인의 몸에 흐르는 감성코드를 진작부터 읽고 있었어. 대중 앞에서 정열적으로 퍼붓는 피델 카스트로의 연설은 쿠바인의 몸속에 흐르는 뜨거운 감성을 끄집어내기 위한, 조금은 과장되고 계산된 것이야. 물론 그도 지금은 무정한 세월 앞에 무릎을 꿇었지만 말이야.

다시 닭이 우는 소리가 들려. 푸른 여명이 아바나의 하늘을 찌르는 호세 마르티Jose Marti 기념탑 위로 물들어. 아바나 사람들은 아직도 깊은 잠에 빠져 있어. 딱히 서두른다고 달라질 것이 없는 하루가 또다시 시작된 거야. 다만 카리브 해의 진주 아바나를 보고 싶어 설렌 여행자만이 이른 아침부터 조바심을 내고 있을 뿐.

원스 어폰 어 타임 인 아바나

쿠바의 수도 아바나에서 미국 플로리다까지의 거리는 불과 200km. 사계절 내내 열대의 후끈한 바람이 부는 이 도시는 쿠바 혁명 전 '카리브 해의 진주'로 불리며 아메리카의 손꼽는 환락의 도시로 상종가를 쳤어. 1, 2차 세계대전을 치르면서 초강대국으로 성장한 미국은 넘쳐나는 달러로 흥청거렸지. 미국의 자본가들은 자신이 축적한 부를 소비할 곳을 찾았고, 카리브 해에 떠 있는 섬나라 쿠바 아바나를 주목한 거야. 그들은 콜럼버스의 항해 이후 카리브 해에서 가장 번영했던 이 도시가 그들의 욕망을 배출할 수 있는 최적의 조건을 갖추고 있다고 여겼어.

혁명의 전운이 감돌던 쿠바 아바나에는 바티스타 독재정권의 폭정 속에서도 카지노가 성업했어. 경마와 그레이하운드(개경주)도 카지노와 함께 뗄 수 없는 관광의 아이콘이었지. 트로피카(Tropicana)나 카프리(Capri), 나시오날(Nacional) 같은 특급 호텔에서는 조세핀 베이커나 모리스 슈발리에 같은 할리우드 스타들의 공연과 화려한 쇼가 이어졌어. 그들을 보기 위해 미국 관광객들이 구름처럼 몰려들었고, 메르세데스(Mercedes) 거리—

훗날 혁명의 주역이 모여 살았다—는 유행의 첨단을 걷는 유흥가로 이름을 날렸어. 거리에는 카페와 레스토랑이 즐비했어. 담뱃가게는 복권을 사려는 이들로 문전성시를 이뤘고, 신문은 복권 당첨자의 사진을 대서특필하며 한탕주의를 부추겼어. 이 시기 쿠바 페소는 달러와 같은 값—혁명 후에도 외국인 전용 화폐는 달러와 가치가 같았어—으로 매겨져.

당시 아바나 상류사회에는 프랑스 상류문화가 깊숙이 침투해 있었어. 아바나의 부유층과 관광객들은 럼주를 홀짝이며 쿠바 산 시거를 피워 물었고, 맘보나 차차차 같은 음악에 맞춰 몸을 흔들었지. 거리에는 번쩍번쩍 빛나는 시보레 자동차가 굴러다녔어. 이 자동차들은 쿠바 혁명 50년이 지난 지금에도 여전히 굴러다니고 있어. 바티스타 정권과 상류층에게는 더할 나위 없이 달콤한 시절이었지.

그러나 상류사회의 사치와 환락은 결국 된서리를 맞는 게 불변의 진리. 쿠바 민중들의 삶이 점점 힘들어지자 도시의 어두운 뒷골목부터 혁명의 불씨가 자라기 시작했어. 피델 카스트로와 같은 정의감에 불타는 청년들은 그 시절을 결코 좌시하지 않았던 거야.

아바나 비에하를 걷다

나는 지금 프라도(Prado) 거리를 따라 걷고 있어. 바다와 닿아 있는 이 길은 도로 가운데로 산책로가 있어 아바나인들의 사랑을 듬뿍 받아. 거리의 화가들이 벤치에 앉아 스케치를 하거나 완성된 그림을 펼쳐놓고 여행자들의 시선이 머물기를 기다리는 곳이기도 해. 또 이곳에서는 시거를 팔기 위해 여행자들을 훑는 눈길도 쉽게 발견할 수 있어. 아바나에 머무는 대부분의 여행자가 그렇듯 나 역시 이 길을 며칠째 걷고 있어.

프라도를 따라 바다를 향해 걷다가 오른쪽으로 방향을 틀면 차 한 대 간신히 지나는 비좁은 골목들이 있어. 이 골목길로 들어서면 아바나 비에하(Habana Vieja)로 갈 수 있어. 이곳은 아바나의 상징이자 여행자의 거리야. 스페인이 식민지를 건설한 후 지은 아름다운 건물들이 지금까지 거리의 구석구석을 메우고 있는 곳이야. 아바나 비에하는 지역 전체가 세계문화유산으로 지정될 만큼 유서 깊은 건물들이 많아.

아바나 비에하는 '오래된 아바나'란 뜻이야. 이 거리는 아바나에서 스페인 식민의 역사가 시작된 곳이기도 하고, 쿠바를 대표하는 식민의 유산 가운데서 가장 잘 보존된 곳이기도 해. 굳이 산 크리스토발^{San Christobal} 성당이나 스페인 총독의 관저였던 팔라시오 데 로스 카피타네스 헤네랄레스^{Palasio de los Capitans Genelales}를 꼽지 않아도 바로크 양식의 오래된 석조건물이 지천이야. 좁은 골목을 요리조리 빠져 다니며 건축물을 탐험하는 재미가 최고야. 식민지풍이 물씬한 이 거리는 여행자들의 안식처라 불러도 좋아. 길모퉁이마다 가이드북을 뒤적이는 여행자들을 쉽게 발견할 수 있어. 그들의 발길은 하루 일과가 시작되는 아침부터 자정 무렵까지 이어져.

아바나 비에하를 거닐다보면 이 거리를 가꾸기 위해 쿠바 정부가 얼마나 많은 노력을 기울이고 있는가를 알 수 있어. 단지 세계문화유산으로 지정된 유적을 보호하기 위한 것만은 아니야. 세계문화유산이니 하는 거창한 명분을 위해 돈을 뿌릴 만큼 쿠바의 경제가 넉넉하지는 않거든. 다만 아바나 비에하라는, 아바나는 물론 쿠바에서 가장 손꼽는 여행지를 보존함으로써 얻는 외화벌이 때문이야. 쿠바경제를 지탱하는 힘은 시거와 사탕수수, 여행자가 뿌리고 가는 돈이야. 따라서 여행자의 수는 쿠바의 재정 수입을 재는 바로미터야. 쿠바 정부가 제 아무리 경제가 어려워도 여행자를 위해 꾸미고 치장하는 일을 멈출 수 없는 것이 바로 이 때문이지.

쿠바 정부가 아바나 비에하를 가꾸고 보존하기 위해 얼마나 많은 공을 들이는 가는 아바나 비에하를 벗어나는 순간 한눈에 알 수 있어. 군데군데 파이고 들떠 일어난 도로와 금방이라도 허물어질 것처럼 낡은 아파트의 베란다와 외벽, 아파트 층층마다 깃발처럼 나부끼는 빨래들은 보는 것만으로도 신산스러워. 비좁은 골목에는 주인 없는 개들이 활개를 치고, 내다버린 쓰레기에서는 악취가 풍겨. 구멍이 숭숭 뚫린 속옷 차림의 사람들은 문지방에 걸터앉아 거리를 오가는 사람구경을 하고, 땟국물이 흐르는 아이들은 차와 자전거, 오토바이가 뒤엉킨 거리에서 위험한 놀이를 하며 하루를 보내. 때로 아파트에서는 예고도 없이 물벼락이 쏟아지기도 해. 배수 시설이 시원찮은 아파트는 빨래나 청소를 한 뒤 물을 거리로 내버리거든. 제 아무리 속 넓은 여행자도 냄새나는 물벼락을 뒤집어 쓰고 나면 기분이 좋을 리 없겠지? 아바나에서는 낡은 아파트와 건물들이 예고도 없이 매일 한 곳씩 무너져 내리고 있다고 해.

아바나 비에하를 걷다 보면 몇몇의 젊은이들이 말을 걸어와. 시거를 파는 이들이야. 그들이 아니고도 말을 거는 이들은 많아. '헤이 치노Hey Chino를 외치는 그들은 동양에서 온 이방인이 신기한 모양이야. 이들에게 동양인은 모두 중국인처럼 보이나 봐. 우선 치노중국인라고 불러놓고 내가 고개를 가로저으면 핫뽀네일본인를 외쳐. 그래도 고개를 저으면 그때서야 꼬레아노한국 하고 마지막으로 물어. 그게 끝이야. 그저 내가 어디서 왔는지가 궁금했다는 듯이.

아바나 비에하의 중심이라 할 수 있는 산 크리스토발 광장의 저녁은 한갓져서 좋아. 그 너른 광장의 한 귀퉁이에 파라솔과 테이블을 놓은 카페에서는 뮤지션들이 첼로와 기타, 플롯 반주에 맞춰 노래를 불러. 부에

나 비스타 소시알 클럽Buena Vista Social Club의 음반에 담겨 있던 그 노래와 멜로디야. 노천카페에 앉은 여행자들은 맥주로 목을 축이며 노래도 듣고, 초록과 황색 조명을 받아 신비롭게 빛나는 산 크리스토발 성당을 감상해. 나 역시 그들 틈에 끼어 행복한 밤을 보내고 있어. 이제 겨우 며칠 지났지만 쿠바는 내가 꿈꿔왔던 것보다 더 매력적이야.

쿠바에서 공짜는 없다

　아바나에서 바다를 보는 일은 참 행복해. 파도는 잔잔하게 밀려오는 것처럼 보이지만 막상 방파제에 부서질 때면 집채만 한 물기둥을 솟구치게 해. 아이들은 물기둥 속을 뛰어다니면서 놀고, 쿠바의 연인들은 방파제에 누워 밀어를 나눠. 하루 종일 다리품을 팔아야 하는 여행자들은 몸이 녹녹해지는 오후면 이 바다를 찾아 지친 몸을 카리브 해에서 불어오는 바람에 맡겨. 아바나 비에하에서 몇 걸음이면 이 황홀하기만 한 바다와 만날 수 있거든.

　아바나에 머무는 동안 오후만 되면 어김없이 이곳을 찾았어. 바람에 적당히 씻긴 햇살과 무시로 몰려오는 파도에 젖는 일이 얼마나 행복한지 당신은 상상도 할 수 없을 거야. 그렇게 카리브 해의 고즈넉한 풍경에 취해 있으면 아바나의 사람들이 다가와. 그들에게 세계인은 모두 친구처럼 보여. 단어 몇 개 늘어놓는 것이 전부인 서툰 영어로 쿠바에 대한 애정을 물어와. 처음에는 그들의 친절이 고마웠어. 참 열린 마음을 가진 사람들이라 생각했어. 하지만 그런 친구들과 몇 번 이야기를 주고받다 보면 그들의 친절에는 대가가 있다는 것을 알게 돼. 외국인에 대한 단순한 호기심이나 무료함을 달래줄 상대를 찾아 온 것이 아니라는 사실! 말동무, 그것은 그들의 생계수단이야. 여행자들에게 유쾌한 쿠바의 기억을 안겨주는 게 그들의 일이고, 그렇게 해서 얻은 돈으로 생활을 꾸리는 거야. 물론 친절의 목적을 알 길 없는 여행자들은 대화의 말미에 그들이 한두 푼의 달러를 요구하면 당황해. 그저 마음 좋은 쿠바인들의 선의라고 생각했었기 때문이지. 하지만 이런 일을 한두 번 겪고 나면 쿠바에서는 대가 없는 서비스란 없음을 알게 돼.

사실 아바나 공항에 도착해 화장실에 갈 때부터 대가를 바라는 교묘한 서비스에 노출됐어. 화장실에서 나오는데 한 여인이 친절하게 손을 씻고 가라는 거야. 그리곤 물 묻은 손을 닦을 휴지까지 건네는 게 아니겠어? 참 친절한 나라도 다 있구나! 내가 쿠바의 친절에 감동하자 그녀는 손을 내밀며 팁을 요구하는 거야. 그 순간 어찌나 당황스럽던지. 그 때부터 이들의 교묘한 서비스–대가가 포함된–를 피해 다녀야 했어. 누군가 말을 걸어오면 우선 그 사람의 진정성부터 따지게 돼. 꼭 필요한 질문이 아니면 먼저 말을 걸지 않고, 방파제에서도 가급적 그들과 떨어진 자리를 찾아가. 하지만 그렇다고 입에 자물쇠를 채우고 다닐 수는 없는 노릇이잖아? 어쩌다 이 사람은 괜찮다 싶어 한두 마디 말을 받아주다 보면 또 아차! 싶은 거야. 그리고는 그들의 가공할 립 서비스에 빠져들어 하다못해 담배 한 대라도 건네지 않고는 못 배기는 상황이 되고 말아.

쿠바를 찾는 여행자들은 모두 카리브 해의 낭만을 꿈꿔. 바닷가 방파제에서 멋들어지게 색소폰을 불거나 노을에 젖은 거리에서 기타를 치는 악사를 만날 꿈에 부풀지. 물론 아바나에 거리의 악사는 많아. 하지만 그들은 사진 속의 악사일 뿐이야. 거리에서 그들이 제대로 연주하는 것을 보지 못했어. 악기 부는 시늉을 내다가도 여행자들이 귀를 기울일라 치면 더 이상의 멜로디는 없어. 그리곤 손을 벌리고 흥정부터 시작해. 악기와 악기를 부는 시늉은 그저 여행자의 흥미를 끌기 위한 도구일 뿐인 거지.

아바나 비에하의 거리에는 소복처럼 새하얀 옷을 차려 입고, 머리에는 선홍빛 꽃을 꽂은 할머니들이 앉아 있어. 보기에도 결코 맛나 보이지 않는 기다란 시거를 물고. 그들은 누군가 사진을 찍으려고 하면 귀신같이 눈치를 채고 돈을 요구해. 마르스 광장에서 춤을 추는 댄서도, 화려한 쿠바 전통의상을 차려입고 중년 남성의 뺨에 붉은 립스틱 자국을 찍어주는 여인들도 마찬가지야. 장대를 타고 광대로 분장해 돌아다니는 이들의 뒤에는 언제나 공안요원처럼 누가 사진을 찍고 있는가를 면밀히 주시하는 눈길이 있어. 그들에게 팁은 여행자들이 선택하는 것이 아냐. 가끔은 길을 물어보는 데도 돈을 요구하는 황당한 경우도 있어. 외국인의 입장에서 보면 당연히 베풀어야 할 친절이지만, 그들은 스스럼없이 대가를 요구해.

이것은 조금 고통스런 추억이야. 50여 년간 미국의 경제봉쇄에 시달린 쿠바 경제는 심하게 왜곡되어 있어. 공장에서 하루 8시간 꼬박 일해야 하는 노동자보다, 병원에서 환자를 돌보는 의사보다 거리에서 구걸하는 이들의 수입이 낫다면? 쿠바 노동자가 받는 한 달 임금은 250페소^{약 10달러}

내외야. 하지만 거리의 악사나 거지들이 하루에 1달러만 구걸해도 한 달 수입은 30달러_{약 780페소}나 돼. 구걸만으로도 일반 노동자의 3배를 버는 셈이지. 이런 경제의 왜곡이 일어나는 이유는 두 개의 화폐 때문이야. 쿠바에서 외국인은 외국인 전용 화폐_{컨버터블 모네다}를 사용해야 해. 1컨버터블은 1달러와 가치가 같아—2004년 미국 달러만 10% 평가절하를 단행해 1:1의 환율이 깨졌어. 이 때문에 여행자들은 유로화나 캐나다 달러를 가지고 와. 하지만 내국인이 사용하는 화폐는 1달러에 26페소쯤 해. 따라서 거리의 악사가 외국인에게 구걸해서 1컨버터블을 받았다면 그는 내국인 화폐로는 26페소를 벌어들인 셈이야. 이 뒤틀린 경제를 이해하고 나면 그들에게 주는 1달러가 그렇게 한심할 수가 없어. 여행자의 입장에서 1달러는 큰돈이 아니야. 거리의 악사나 말동무에게 1달러를 주는 것은 어려운 일이 아니야. 하지만 이 돈은 쿠바의 왜곡된 경제를 더욱 뒤틀리게 하는 데 일조하는 셈이거든.

아바나 거리에서 달려드는 젊은이들 가운데 절반은 자신을 대학생 혹은 시거공장의 노동자라고 소개해. 처음에는 그들이 말하는 것을 아무 의심 없이 받아들였어. 외모로 신분을 구별할 수 없거니와 그가 나에게 자신의 직업을 속이면서 접근할 필요가 없다고 생각했거든. 하지만 그런 젊은이들을 하루에도 수십 번씩 만나고 나면 그들이 나에게서 무엇인가 원하고 있다는 것을 알게 되지. 그들이 달러나 혹은 볼펜 한 자루, 입고 있는 옷, 심지어는 다 닳은 슬리퍼까지 눈독을 들이고 있다는 사실을 알고 나면 정신이 번쩍 들어. 그들이 나를 상대로 돈벌이를 하고 있다는 사실을 깨닫게 되는 거야.

자신을 대학생이라 소개하는 이들은 말동무가 되어주고 한두 푼을

받으려는 이들이야. 시거공장에 다니는 노동자라 소개하는 젊은이들은 시거를 파는 게 목적이야. 대학생을 가장하는 친구들은 최소한의 영어로 무장하고, 꽤나 지적인 흉내를 내. 이를테면 쿠바 경제의 모순이나 세계의 흐름 등에 대해서 자신이 가지고 있는 식견을 얘기하기도 해. 우선 여행자의 관심을 사는 게 급선무이니까. 그들은 이야기가 끝날 무렵이면 외국 동전을 모으는 게 자신의 취미라고 하거나 비밀스런 동전이나 되듯이 체 게바라의 얼굴이 새겨진 동전―어디서나 흔하게 볼 수 있는 내국인용 3페소 동전이야―을 1달러에 바꾸자고 해. 혹은 정직하게 쿠바의 어려운 경제를 이야기하며 당당하게 손을 내밀기도 하고.

반면 시거공장 노동자를 가장하는 친구들은 반드시 명함을 하나씩 갖고 다녀. 자신이 어떤 시거 공장의 노동자로 일하고 있다는 것을 증명이라도 하겠다는 듯이 말이야. 하지만 눈치가 빠른 여행자들이 그것을 곧이곧대로 믿을 리가 없지. 왜냐하면 시거 공장에서 일하는 노동자에게 명함이 필요할 리 만무하잖아. 때로는 미국이나 영국 등의 담배 회사에 시거를 납품하고 있다고 버젓이 거짓말을 하기도 해. 참 웃기는 일이지. 시거에 대한 쿠바 정부의 통제는 아주 엄격해. 시거는 사탕수수와 함께 쿠바를 상징하는 1차 산업으로, 외국에 수출하는 시거는 일일이 통제를 받아. 말하자면 시거를 이용한 외국회사와의 개별적인 무역은 원천적으로 봉쇄되어 있어. 또한 쿠바 정부가 지정한 상점에서 사지 않은 어떤 시거도 쿠바 밖으로 가지고 나갈 수 없어. 이 사실은 웬만한 여행자라면 훤히 알고 있지. 그런데도 그들은 한사코 자신이 시거 공장의 노동자라고 우겨. 어떻게 구한 시거냐고 물으면 임금 대신 받았다거나 퇴근길에 몸속에 넣어가지고 나왔다는 식으로 말하지. 그리고는 시중가의 5분의 1

가격에 주겠다고 속삭여.

그렇다고 그들이 거머리처럼 착 달라붙어 성가시게 구는 것은 아냐. 몇 마디 건네 보고 상대방이 시큰둥한 반응을 보이면 미련 없이 돌아서. 상대방을 야유하거나 불쾌한 제스처를 취하지도 않아. 한 마디로 '쿨'하게 돌아서. 하루에 백 번쯤 시거공장 노동자를 사칭하는 젊은이를 만나면서도 감정이 폭발하지 않고 참을 수 있는 것은 그들의 깨끗한 매너(?) 덕분이라고나 할까?

오늘도 나는 해안 요새가 빤히 보이는 방파제에 앉아 있어. 며칠째 이곳을 찾다보니 이미 익숙한 얼굴들이 있어. 그들은 나에게서 더 이상 나올 게 없다는 사실을 잘 알고는 처음부터 다른 여행자들을 향해. 물론 그렇지 않은 사람들은 또다시 슬금슬금 내게 다가오지. 카리브 해의 푸른 바다와 아바나의 자유에 대해 이야기하면서. 그러면 나는 그들의 친절에 고마워하며 또 무심코 말을 받아주게 될지도 몰라. 하지만 어김없이 그들은 친절의 대가를 요구하고, 나는 또 전혀 몰랐다는 듯 깜짝 놀란 표정으로 거절하겠지. 매일 되풀이 되는 식상한 코미디 같은 풍경이야.

쿠바 산 시거의 향기

쿠바의 향기는 단연 시거라고 말할 수 있어. 쿠바 혁명을 이끌었던 체 게바라나 피델 카스트로가 대중 앞에 모습을 드러낼 때면 언제나 물고 나오던 뭉툭하고 긴 시거. 시거는 쿠바를 대변하는 키워드라고 해도 과언이 아니야. 멕시코나 미국에서도 시거가 생산되지만 쿠바 산 시거와는 감히 비교할 수 없어. 에초 데 쿠바_{쿠바에서 생산된 것}라는 라벨이 붙은 시거라야 대접을 받아. 콜럼버스가 아메리카 대륙에 첫발을 디딘 후 유럽에 전한 몇 가지들, 이를테면 토마토나 감자, 옥수수와 함께 인류의 삶을 윤택하게 한 것 가운데 하나가 담배야. 물론 담배는 21세기 들면서 마약류와 동일시되어 천덕꾸러기 신세로 전락했지만.

쿠바에 온 애연가들이라면 누구나 진짜 쿠바 시거를 피워보고 싶어 하지. 이십여 년간 담배를 피워 온 나도 예외는 아니었어. 흔들의자에 앉아 손가락만큼 굵고 만년필보다 긴 시거를 물고 폼 좀 잡아보는 것은 생각만으로도 그럴듯하잖아. 사실 시거의 향기도 제대로 모르면서 겉멋을 부려보는 거야. 피델 카스트로나 체 게바라가 그랬던 것처럼, 혹은 영화에서 그려지는 마피아 보스처럼 그저 누군가를 흉내내고 싶은 마음인 거지.

　진짜 시거의 향기를 제대로 음미하려면 적지 않은 노력이 필요하다는 것을 쿠바에 와서야 알았어. 시거는 일반 담배와 모양만 다른 것이 아니라 피우는 방법도 달라. 일반 담배처럼 속으로 깊게 들이켰다가는 하늘이 노랗게 변하고 말아. 그리고는 이 독한 시거를 어떻게 피울까 싶어 고개를 절레절레 흔들게 돼. 이런 느낌은 나만의 경험이 아닐 거야. 적어도 시거를 처음 접하는 이들이라면 호된 신고식을 치르게 마련이니까.

　시거에는 담배의 원초적인 향기가 마치 조미료를 하나도 치지 않고 맑게 끓여낸 장국처럼 구수한 향이 있어. 나는 그 향기와 이미 오래 전부터 친숙해져 있어. 장마가 시작되는 유월 말이면 내가 유년을 보낸 고향마을에서는 장작불을 지펴 담뱃잎을 말리곤 했어. 건조실 굴뚝을 빠져나온 연기는 온 동네로 자욱하게 퍼졌는데, 그 연기가 그렇게 구수할 수가 없었어. 그 향기를 쿠바에서 다시 느꼈어. 시거는 피우는 게 아니라 향을 음미하는 것이란 사실을 알게 된 후에는 더욱 그 향이 구수하게 느껴졌어.

　시거를 피는 과정을 설명해 줄게. 먼저 시거의 향을 음미해야 해. 와인 감별사가 코끝을 와인 잔 안으로 밀어 넣고 와인의 향기를 탐하듯이 시거는 불을 붙이기 전에 코로 한 번 훑으면서 담배 본연의 향을 느껴야 해. 이 향은 시거에 불을 붙인 다음에는 결코 맡을 수 없거든. 그렇게 무슨 보석이나 되는 것처럼 몇 번을 코 밑에서 굴려본 후 시거에 불을 댕겨. 시거를 몇 번 빨아들이면 입 안 가득 담배 연기가 차. 여기서 잠깐, 빨아들인 연기를 폐부까지 삼키는 것은 곤란해. 그저 물고기가 하품하듯 입을 크게 벌리고 연기가 스스로 입 안을 돌아 밖으로 나가게 해야 해. 그런 후 입 안에 남은 작은 양의 연기만을 들이마시는 거야. 밖으로 몰려나온 담배 연기는 다시 코로 향을 음미하며 공중으로 날려 보내고.

이쯤 돼야 시거의 향기를 조금은 느낄 줄 안다고 말할 수 있어. 일반 담배와는 다른, 시거 속에 담겨진 담배의 원초적 향기를 느끼게 되는 거지. 그래도 온종일 시거를 입에 문 채 혀로 굴리면서 다니는, 두 팔을 자유롭게 쓰면서 입으로만 시거를 피워대는 쿠바의 애연가들을 흉내낼 수는 없어. 그들에게 시거는 담배가 아니야. 어른들이 주머니 속에 넣어가지고 다니던 호두알처럼, 시거는 그들에게 노리갯감이야. 물론 그들이 피우는 시거는 외국인들이 물고 다니는 시가와는 차원이 달라. 모양은 엇비슷하지만 품질과 값은 비교할 수가 없어. 그들이 1페소를 주고 사는 시거는 질 좋은 시거를 코 밑으로 굴릴 때 나는 그 향이 없거든.

아바나에서 시거공장투어에 참가했어. 시거를 어떻게 만드는 지가 무척 궁금했거든. 공장 안은 담배 향으로 가득했어. 담배 건조실에 불을 지피면 굴뚝으로 빠져 나와 마을 구석구석 퍼지던 고향의 담배 연기처럼 독하고 구수한 냄새가 4층짜리 공장을 가득 채우고 있어. 노동자들은 열을 맞추어 일렬로 앉아서 각자 자신이 맡은 공정을 하고 있었어. 400명쯤의 노동자가 일한다는 이 공장의 풍경은 마치 양계장을 연상케 해. 각각의 우리에 들어앉아 하루도 거르지 않고 달걀을 뽑아내는 닭처럼 어깨와

어깨를 맞댄 노동자들이 일렬로 앉아서 시거를 말고 있는 거야. 기계는 구경도 할 수 없어. 초등학교 책상만 한 테이블에 노동자 한 명씩 앉아서 일일이 손으로 시거를 만들어.

시거 만드는 과정을 정리해서 이야기하자면, 우선 촉촉하게 젖은 담뱃잎을 펼쳐놓고 그 위에 잘 마른 담뱃잎을 적당이 올려놓은 후 돌돌 마는 거야. 말아놓은 시거는 크기에 맞는 틀에 넣어서 하루쯤 눌러놔. 그런 뒤 다시 촉촉하게 젖은 담뱃잎으로 한 번 더 말은 뒤에 한쪽 끝을 밀봉해. 이렇게 되면 시거가 완성되는 거야. 아주 간단한 작업처럼 보이지만 일일이 수작업으로 하는 것이라 노동자의 솜씨에 따라 시거의 맛이 좌우돼. 숙련공이 되려면 적어도 2년은 같은 공정에서 작업을 해야 하지.

고급 시거로 판정받으려면 다양한 조건을 충족시켜야 해. 생산된 지방, 담뱃잎을 딴 위치, 건조 과정, 말린 정도, 외관의 빛깔과 흠집, 담배의 밀도 등 까다로운 조건에 모두 합격해야만 하는 거야. 이를테면 최상품의 시거는 피나르 데 리오_Pinar de Rio_ 지방의 부식토에서 자란 담뱃대 윗부분의 여린 잎만을 따, 건조실에서 자연적으로 말려야 해. 게다가 너무 촘촘하거나, 너무 헐렁하게 말아 쑥쑥 빨리지 않도록 만들어야 하지. 여기에 외피에 흠집이 없고, 짙은 갈색으로 색이 고른 시거라야 최상품으로 대접받아. 이렇게 엄격하게 선발된 시거는 25개씩 포장돼 600달러_약 70만 원_에 수출돼. 쿠바인들은 감히 피워볼 엄두조차 낼 수 없을 만큼 비싼 값이지. 하지만 이 시거를 만들며 받는 노동자들의 한 달 월급은 270페소_약 12달러_에 불과해. 하루 8시간을 꼬박 담배 냄새에 절어서 일하는 그들의 한 달 월급이 자신이 만든 시거 한 대의 절반 값밖에 되지 않는다는 거, 참 가슴 아픈 일이야.

품질이 떨어지는 시거는 거리의 장사치들 몫이야. 그들은 상품가치가 떨어지는 질 낮은 시거를 싼값에 사다가 진짜 쿠바 시거라고 속여 여행객들에게 팔아. 저렴한 값에 끌려 거리에서 시거를 사면 100% 이런 제품이야.

시거공장 견학을 마치고 나오는 길에 시거 한 대를 선물로 받았어. 나는 이 시거를 고이 간직해 두기로 했어. 이 시거는 산타클라라^{Santa Clara}에 잠들어 있는 체 게바라에게 줄 거야.

1950년 산
시보레 자동차의 향수

　　아바나의 중심 카피톨리오 계단에 앉아 오후의 햇살을 쬐고 있어. 이곳은 지친 여행자들이 다리쉼을 하기에 그만인 곳이야. 아바나 시내를 오가는 자동차에서 매연이 울컥울컥 솟아나기는 하지만 그래도 파란 하늘을 어쩌지는 못해. 특히 겨울로 가는 아바나의 한낮은 몸을 말리기에 더할 나위 없이 좋아. 땀이 흐르는 것 같다가도 어딘가에 철퍼덕 주저앉기만 하면 등짝이 서늘하게 말라. 햇살은 몸으로 받아내기에 좋을 만큼만 따가워. 그 햇살을 받으며 거리를 질주하는 차들과 사람들을 바라보고 있어.

　　쿠바에는 택시의 종류가 참 다양해. 일반 택시에서 1950년 산 시보레 자동차, 오토바이를 개조해 만든 코코, 자전거 뒤에 자리를 만든 택시까지 모양도 성능도 가지가지야. 여기에 일반 자가용을 이용해 불법으로 택시 영업을 하는 친구들도 있고, 아바나를 벗어나면 말이 끄는 택시가 있기도 해. 버스와 기차를 제외하고 탈 수 있는 교통수단, 그게 모두 택시라고 보면 될 거야.

　　법적으로 외국인은 일반 택시만을 이용하게 되어 있어.

외국인은 외국인 요금을 지불해야 하기 때문이지. 하지만 이 룰을 지키는 여행자나 택시 운전사는 많지 않아. 여행자들은 좀 더 색다른 경험을 해보고 싶어하거든. 운전사가 땀 흘려 페달을 밟는 느린 자전거를 타고 가며 아바나의 정취에 취하는 것도 행복한 일이고, 단속하는 경찰을 피해 아바나의 뒷골목을 요리조리 빠져 다니는 코코 택시에 앉아 야릇한 흥분에 젖는 것도 재미야. 하지만 어떤 것도 1950년 산 시보레 택시를 타는 기쁨보다 클 수는 없어.

시보레 택시는 쿠바 혁명 이전부터 이곳에 존재하던 차들이야. 당시에 쿠바의 부자들이나 세계에서 몰려온 갑부들은 미국 고급차의 명성을 자랑하던 시보레 세단을 타고 아바나를 누볐어. 그러나 1958년 쿠바 혁명 뒤 미국이 쿠바에 대한 금수조치를 취한 뒤부터는 더 이상의 미국산 자동차가 수입되지 않았어. 그렇게 50여 년이란 세월이 흘렀어. 그런데도 아바나에서는 버젓이 1950년 산 시보레 자동차가 거리를 활보해. 그것도 싱싱한 몸체를 뽐내면서 말이야.

시보레 자동차의 외관은 아직도 멀쩡해. 새로 도색한 탓도 있겠지만 택시 운전사들이 시간이 날 때마다 반짝반짝 윤이 나게 닦기 때문이야. 그래야 관광객의 시선을 모을 수 있으니까. 그러나 시보레 자동차는 번

쩍번쩍한 외관만큼 차량의 성능까지 좋은 편은 아냐. 시동을 켜는 데 애를 먹기도 하고, 주행 중 신호에 걸려 자동차가 서면 저절로 시동이 꺼지기도 해. 교차로에서 차가 멈추면 관광객들은 이 차가 다시 시동이 걸릴까 싶어 마음을 졸이지만 택시 운전사의 표정은 태연해. 신기한 것은 영영 시동이 안 걸릴 것처럼 보이다가도 어찌어찌 시동은 걸리고, 또 차는 굴러가.

시보레 자동차를 보면 50년이 지나도 굴러다닐 수 있는 자동차를 만든 미국과 부품 하나 구할 수 없으면서도 그 차를 수리해서 타는 쿠바인들, 모두에게 존경심이 일어. 마치 누가 오래 버틸 수 있는가를 두고 내기하는 것 같아. 시보레 자동차가 아바나 거리에서 사라지는 날은 쿠바가 미국에게 백기를 들거나, 아니면 미국이 쿠바를 인정하고 손을 들고 마는, 둘 중의 하나로 결론이 날거야.

아바나 대극장과 잉글라테라(Inglatera) 호텔 앞은 시보레 택시가 모이는 장소야. 이곳에 가면 언제나 몇 대쯤의 시보레 택시를 볼 수 있어. 요즘 자동차와 비교하면 장난감 같은 유치한 디자인이지만 당시에는 가장 세련된 스타일이었을, 로켓이나 점보 비행기 엠블럼을 단 시보레 자동차의 우아한 자태라니. 그 시보레 자동차를 찾아다니는 것으로도 아바나의 도시 여행은 즐거워. 그들은 지금 50년 전의 향수를 팔고 있는 거야.

1956년 7월 21일. 체 게바라가 쿠바 섬 동부 산악지대에서 게릴라 활동을 할 때다. 동생을 잃은 혁명동지에게 보내는 조문에 그가 서명하려는 순간, 피델 카스트로가 귓속말로 속삭인다. "대장이라고 쓰게." 이 뜻밖의 진급식으로 아르헨티나 출신의 '외국인'이었던 체 게바라는 반군 내에서 두 번째 서열에 오르게 된다. 그날, 체 게바라는 금박을 입힌 작은 별을 받는다. 그는 이 별을 베레모에 달았다. 그 후 금별과 베레모는 그 시대 가장 완벽한 지성이라 불리게 될, 체 게바라의 상징이 된다.

그들은 늘 길 위에 서 있다

아바나에서 트리니다드Trinidad로 가는 택시를 탔어. 스페인에서 온 부부와 함께 셋이 탄 택시야. 먼 거리를 이동할 때는 여럿이 택시를 공유하는 것이 버스 요금보다 저렴해. 버스보다 더 빨리 가고, 또 원하는 목적지에서 내릴 수 있거든. 무거운 배낭을 메고 버스터미널까지 가거나 버스에서 내려 다시 게스트하우스를 찾아가야 하는 수고를 덜어주지. 그런 연유로 많은 여행자들이 게스트하우스 주인에게 부탁해서 택시를 불러. 하지만 택시 구하기가 쉽지 않은 경우도 있어. 트리니다드나 산타클라라처럼 여행자가 몰리는 곳은 합승 택시가 빈번하지만 그렇지 않은 곳은 별 수 없이 버스를 이용해야 해.

노동자들의 출근길로 부산한 아바나 시내를 벗어났어. 동쪽으로 곧장 뻗어 있는 고속도로는 한산했어. 그 넓은 도로를 달리는 차들은 손에 꼽을 정도야. 간만에 빠르게 질주하는 차 안에서 흘러가는 풍경을 보는 느낌은 상쾌해. 아침 햇살이 비껴드는 드넓은 들녘 위로 서 있는 쿠바의 국목 로열 야자수의 매끈한 자태도 인상적이고.

고속도로에 접어들었을 때 눈길을 끄는 사람들이 있었어.

커다란 가방 하나씩을 움켜쥔 사람들이 로열 야자수 나무 그늘 아래 앉아서 손을 흔들었어. 더러는 길까지 나와 손을 흔들기도 했어. 처음에는 일터로 가는 사람들이려니 생각했어. 하지만 그들의 표정과 차림새, 고속도로 깊숙이 뛰어들어 위험천만하게 히치하이킹을 시도하는 것을 보면서 먼 길을 가려는 이들이라는 것을 깨달았어. 그들 가운데는 지폐 몇 장을 손에 들고 흔드는 이들도 있어. 하지만 그들이 흔드는 지폐를 보고 멈추는 택시나 자가용은 없었어. 그들이 가진 몇 푼 안 되는 돈으로는 자가용이나 택시를 이용할 수 없어. 쿠바 노동자들에게는 며칠치의 일당에 해당하는 큰돈일지 몰라도 택시를 타고 갈 수 있을 만큼의 돈은 아니야.

고속도로에 몰려나온 이들을 태워주는 것은 트럭의 몫이었어. 도로 곁에 트럭이 서면 사람들은 우르르 몰려가 트럭의 짐칸에 올라타. 사람들이 시속 100km 가까운 속도로 달리는 트럭의 짐칸에 얹혀서 달리는 모습은 보기에도 위험천만이야. 갑자기 운전수가 급브레이크를 밟거나 하면 사람들은 짐짝처럼 앞으로 쏠릴 테고, 트럭이 급하게 회전을 하면 짐칸 밖으로 튕겨져 나갈 수도 있어. 하지만 이 트럭을 거부한다면 그들은 하염없이 도로 위에 서 있어야 할 거야.

그들은 어디로 가는 것일까, 왜 가는 것일까. 참 부질없는 질문을 던

져봤어. 그리고는 이 처량한 풍경에 속이 상했어. 움직일 자유조차 허락되지 않는 쿠바에 대해서 말이야. 50여 년 전 그들은 스스로의 힘으로 혁명을 이루어 냈어. 그들의 삶을 구속하는 족쇄를 풀기 위해 선택한 혁명이야. 하지만 지금 그들에게는 자신의 삶을 천대하는 혁명이라는 또 다른 족쇄가 달라붙어 있어. 자신이 피땀 흘려 생산한 것을 누리지 못하고, 오히려 그것을 누리는 자들과 자신의 삶을 비교하며 상대적 박탈감에 젖어서 말이야. 200년 전, 사탕수수농장에서 짐승처럼 일해 만들어낸 설탕이 그들 몫이 아니었듯이.

지난 번 편지에 썼던 것처럼 쿠바에는 두 개의 경제가 돌아가고 있어. 여행자와 쿠바인이 쓰는 화폐가 다른 것처럼, 그들이 먹고 마시고 입는 모든 것들은 여행자들과 달라. 여행자들이 오븐에서 방금 나온 고소한 빵을 먹을 때 그들은 부피를 키우기 위해 베이킹파우더를 듬뿍 넣은 빵을 먹어. 여행자들이 하이네켄이나 코로나 같은 수입 맥주로 갈증을 달랠 때 그들은 상표도 붙지 않은 칙칙한 냄새가 나는 맥주를 마셔. 여행자들이 에어컨이 빵빵하게 나오는 버스를 타고 이동할 때 그들은 가마솥처럼 푹푹 찌는 낡은 버스를 타고 이동해. 여행자들이 세계문화유산에 빛나는 아바나 비에하의 시원한 파라솔 아래에서 우아하게 스테이크를 썰고 있을 때 그들은 거리에서 치즈가 전부인 몇 페소짜리 피자로 허기를 때워. 여행자들이 한 대에 15달러쯤 하는 시거를 폼나게 물고 다닐 때 그들은 바람 빠진 타이어처럼 푸석푸석한 1페소짜리 시거를 피워. 여행자들이 하룻밤에 200달러쯤 하는 바라데로Baradero의 고급 호텔에 머물 때 그들은 이름 없는 해변에서 그물침대를 걸고 자. 그리고 또 나 같은 여행자가 택시를 타고 고속도로를 질주할 때 그들은 방향이 맞는 트럭을 찾아

몇 시간씩 뙤약볕이 내리쬐는 도로 위에 서 있다가 짐짝처럼 트럭의 짐칸에 몸을 싣지. 그 모든 것을 자신의 노동으로 창조했으면서도 그들은 누리지 못해. 차라리 모든 것이 똑같이 부족하고, 모두가 다 질 낮은 것을 선택해야 한다면 마음은 덜 아플 지도 몰라. 나 혼자가 아닌, 모두가 감내해야 하는 고통이니까. 하지만 똑같은 것을 하더라도 자신이 가질 수 있는 것과 여행자들이 향유하는 것이 분명히 다르다면, 그것을 비교하면서 느끼게 될 상대적 박탈감을 어떻게 감당할 수 있을까.

이 고통의 뿌리가 미국에 닿아 있다는 것은 누구나 아는 사실이야. 그들이 조여 오는 가혹한 봉쇄의 손길에서 살아남기 위해 쿠바는 두 개의 경제를 선택했어. 외화를 벌어들이기 위해 외국인에게는 비싸게 받으며-외국인의 입장에서는 다른 나라와 별반 다르지 않은 값이야- 최대한의 서비스를 하고, 내국인은 지출을 최소화 할 수 있도록 저렴하게 값을 매기는 대신 서비스 개념을 아예 없애버린 거야. 그렇게라도 외화를 벌어들일 수 있다면, 민중의 삶은 나락으로 떨어져도 혁명의 자존심을 지킬 수 있고, 마지막 순간까지 버틸 수 있다고 계산하고 있는 거야.

물론 쿠바인 가운데서도 미국이나 영국으로 이민을 간 가족이 송금을 해주거나 민박을 쳐서 달러를 만지는 이들의 사정은 달라. 달러를 만질 수 있는 이들은 여행자들과 마찬가지로 고급 맥주를 마시고, 택시를 타고, 고급 햄을 먹을 수 있어. 하지만 그들은 이 사회에서 몇 퍼센트에 불과한 상위 계층이야. 어느 사회나 존재하는 특별한 계급에게만 해당하는 일이지.

사람들은 트리니다드로 가는 고속도로 곳곳에 있었어. 어쩌면 그들은 이 고속도로가 끝나는 산티아고 데 쿠바Santiago de Cuba까지, 850km에 이르는 길마다 서 있을 거야. 그들의 고통스러운 이동은 고속도로에서만 끝나는 게 아니야. 고속도로를 벗어나 외진 길을 달릴 때도 사람들은 갈림길 모퉁이에 가방을 들고 앉아 있어. 그들은 이곳까지 방향이 맞는 트럭을 타고 와서 또다시 자신의 목적지와 같은 방향으로 가는 트럭을 잡기 위해 무작정 기다리고 있는 거야. 그들은 목적지에 닿으려면 얼마나 많이 트럭을 얻어 타야 할까?

그들이 택시를 향해 쏟아내는 눈길, 그 눈길을 감히 받아낼 자신이 없었어. 내 돈 내고서 받는 떳떳한 서비스라고 감히 말해선 안돼. 내가 누리는 이 안락한 택시 여행을 보면서 그들이 받게 될 박탈감을 생각하면 죄를 짓는 듯해서 마음이 무거워져. 그들이 자신의 노동으로 창조한 부와 가치를 누릴 수 있는 날, 그날은 언제 올까.

꽃분홍 담장 따라 거닌
태양의 도시

　이틀 내내 트리니다드의 골목을 쏘다녔어. 고작해야 인구 3만 명이 될까 싶은 이 작은 도시를 거닐며 도시의 매력에 흠뻑 빠졌어. 마치 미술시간에 아이들이 그려놓은 그림처럼 담장이 아름다운 집들이 골목마다 가득해. 이 도시의 골목길은 유서 깊은 중남미의 스페인 식민도시들이 그렇듯이 돌이 촘촘히 박혀 있어. 이 울퉁불퉁한 길을 온종일 걷다보면 장딴지에 알이 통통하게 배겨. 하지만 골목마다 자리한 아름다운 집들을 생각하면 그 정도는 문제가 안 돼. 원색으로 곱게 칠한 담장을 눈과 마음에 담다보면 짧은 하루해가 야속할 정도야.

　트리니다드에서 가장 인상 깊은 것을 꼽으라면 주저 없이 담장의 색이라 말하고 싶어. 오렌지색과 하늘색, 연두색, 분홍색으로 곱게 칠해 놓은 집들은 햇빛이 쏟아지면 눈부시게 빛나. 강렬한 카리브 해의 태양과 제대로 조화를 이루지. 만약 한국의 도시에 분홍색이나 연두색으로 담장을 칠한 집들이 있다면 얼마나 어색하고 촌스러울까. 하지만 여기는 카리브 해에 떠 있는 섬나라 쿠바! 푸르다 못해 검은 하늘과 영혼까지 바싹 말려놓을 것 같은 태양이 이글거리는 나라잖아.

원색의 화려함이 그야말로 제 빛을 내는 곳이지. 특별한 장식을 도드라지게 꾸미지 않아도, 강렬한 담장 색 하나만으로도 트리니다드의 집들은 여행자의 마음을 휘어잡아. 이런 집들이 한두 채가 아냐. 도시 중앙의 광장에서 부챗살로 퍼져나간 골목마다 화려한 원색으로 치장한 집들이 즐비해.

트리니다드는 쿠바에 있는 식민지풍의 도시 가운데 단연 손꼽는 곳이야. 이곳은 스페인 군대가 쿠바에 발을 디딘 후 세 번째로 만들어졌어. 1514년에 도시의 틀을 갖추었지만 시작부터 주목을 받았던 것은 아냐. 도시가 해안가 저지대에 자리한 탓에 밀물에 의한 피해가 빈번했어. 그렇게 작은 도시로 명맥을 유지하던 트리니다드는 18세기 후반 인근에 사탕수수농장이 조성되고, 당시 프랑스령이던 아이티에서 흑인들이 대거 이주해오면서 쿠바에서 가장 주목받는 도시가 됐어. 19세기 중반까지 트리니다드 주위에 50여 개의 사탕수수농장이 들어서면서 이 도시는 부를 축적해. 지금 여행자들이 행복한 표정으로 거니는 거리와 식민지풍의 건물은 대부분 그때 지어졌어. 그러나 독립 전쟁과 쿠바 혁명을 치르면서 사탕수수농장들이 다른 지방으로 이주했고, 이 도시도 내리막길을 걸어.

쿠바에는 집집마다 흔들의자가 몇 개씩은 꼭 있어. 우리네 전통 가옥

에 평상과 마루가 있듯이 쿠바인들에게 흔들의자는 휴식과 생활을 위한 필수품이야. 쿠바인들은 잠잘 때와 일할 때를 제외하고는 하루의 대부분을 흔들의자에 앉아서 보내. 햇살이 살을 꿰뚫을 듯이 강렬한 한낮에는 흔들의자에 몸을 맡긴 채 더위를 피하지. 일 년 내내 더운 나라여서 소파는 찾아보기 힘들어.

19세기에 지어진 식민지풍 건물들은 하나같이 천장이 아주 높아. 워낙 더운 열대라서 통풍이 잘 되도록 배려한 탓이야. 천장이 높은 만큼 창문도 높게 설계했는데, 조금 민망한 것은 창문을 통해 방과 거실이 훤히 들여다보인다는 점이야. 무더운 한낮에는 솟을대문처럼 높은 창문을 활짝 열어놓거든. 그래야 바람이 잘 드니까. 우리처럼 타인의 시선을 피해 창문을 걸어 잠그거나 커튼을 치는 일은 없어. 안에 있는 사람들이 지나는 행인을 구경하듯이, 거리를 걷는 사람들도 그 집에 사는 사람들의 생활공간을 마음 놓고 들여다보는 거야.

이 도시의 중심인 플라자 데 마요르^{Plaza de Mayor}는 언제나 여행자들과 상인들로 북적거려. 여행자들은 어디서 출발하든 이 광장을 목표로 걷게 되어 있어. 그들이 몰려드는 골목마다 기념품을 들고 나온 상인들도 진을 치고 있지. 그 가운데 한 골목은 눈부시게 하얀 천을 파는 상인들의 차지야. 손수 뜨개질을 해서 만든 이 새하얀 천을 쿠바 여인들은 머리에 동여매거나 혹은 원피스처럼 입고 다녀. 또 식탁의 깔개나 커튼으로 활용하기도 해. 이 천을 파는 골목으로 들어서면 눈을 뜰 수 없을 만큼 눈이 부셔. 바람이라도 건듯 불면 하얀 천들은 물을 박차고 날아오르는 백조처럼 하늘에 펄럭여.

플라자 데 마요르 근처의 역사박물관 타워에 올라가는 것도 즐거운 일이야. 골목은 담장의 아름다운 색채의 향연을 만끽할 수 있지만 시야가 좁아 갇혀 있는 느낌이 들어. 그럴 때 타워에 올라가면 막힌 숨이 확 터져. 시원하게 도시의 전경이 펼쳐지거든. 도시가 한낮의 열기에 휘감기면 거리는 쥐 죽은 듯이 조용해. 거리에는 그늘에 앉아 두런두런 이야기꽃을 피우는 사람만이 남아. 차량과 사람으로 들끓는 아바나에서는 상상조차 할 수 없는 평화가 이 작은 도시를 감싸고 있지. 가끔 또각또각 울리는 말발굽소리가 정적을 깨는 것이 전부야. 노란색, 파란색, 오렌지색 담장으로 둘러싸인 집들의 지붕은 붉은 기와로 만들어졌어. 타워에서 내려다보면 기와지붕들이 날줄과 씨줄로 얽어놓은 것 마냥 겹치고 포개져 있어.

밤이 되면 한낮의 열기를 피해 집 안에 머물던 사람들이 하나둘씩 밖으로 나와. 레스토랑에서도 테이블을 거리로 내놓고 손님을 맞고. 도시의 작은 공원마다 사람들로 북적거려. 공원으로 나온 이들이 할 수 있는 일은 값싼 생맥주 한 잔으로 더위를 식히거나 1페소짜리 아이스크림을 사 먹는 게 전부야. 그것 말고는 딱히 그들을 위로해줄 게 없어. 그들은 어제 그랬던 것처럼, 오늘도, 그리고 내일도 밤이면 이렇게 거리로 나와 이 소소한 즐거움을 나눌 거야.

★ 사탕수수밭으로
시간여행을 떠나다

　쿠바를 여행하면서 혁명을 떠올리기란 쉽지 않아. 이 땅은 인간의 원초적 본능을 채워주기에 충분한 곳이거든. 일 년 열두 달 적도의 태양이 눈부시게 쏟아지는 이 천국의 땅, 부러울 것도 아쉬울 것도 없어 보여. 자연이 베풀어준 것들을 마음껏 누리면서 언제까지나 풍요롭게 살 수 있을 것 같아 보여. 배고프면 바나나와 파파야로 허기를 달래고, 야자수 그늘 아래 펼쳐 놓은 그물침대 하나면 집도 필요치 않아. 강렬한 태양에 지치면 바다 속으로 뛰어들면 그만이야. 럼주 몇 잔이면 번뇌는 부는 바람에 가볍게 흩어지고, 밤이면 쏟아지는 별빛을 노래하지. 그게 바로 이곳 쿠바 원주민의 원초적 삶이었을 거야. 이들에게 노동이나 자본, 혹은 수탈 같은 말은 낯선 문명의 언어였겠지. 적어도 인도를 찾아 아메리카를 향했던 백인들의 야만에 찬 항해가 있기 전까지는. 그러나 1492년 10월 27일 콜럼버스가 쿠바에 상륙해 '인간이 지금까지 발견한 가장 아름다운 땅'이란 찬사를 보낸 후부터 여기, 낭만 가득한 카리브 해의 섬나라는 세계사의 소용돌이에서 자유로울 수 없었어.

콜럼버스가 쿠바에 첫발을 디딘 후 원주민의 대다수는 유럽인들이 가져온 천연두와 질병, 가혹한 노동착취로 숨졌어. 그 결과 1550년에는 오직 5,000여 명의 원주민만이 살아 남았어. 난생 처음 겪는 질병 앞에 원주민들은 두려움에 떨었고, 그 질병 역시도 백인들이 가진 힘이라 믿었어. '카리브 해의 천국'에 불어 닥친 불행은 그렇게 시작됐지. 18세기 말부터 트리니다드 일대에 들어선 사탕수수농장은 19세기 초에 세계 제일의 생산량을 자랑해. 스페인 통치자들은 사탕수수밭에서 일할 노동력이 필요했고, 부족한 노동력은 아프리카 흑인 노예들을 수입해 매웠어. 이때부터 수입하기 시작한 흑인 노예는 1840년대에 이르면 40만 명에 달해. 질병과 가혹한 학대로 원주민들이 죽어간 자리를 아프리카에서 온 흑인 노예들이 채운 거야. 그 질곡의 역사를 살아오면서 원주민과 흑인 노예들의 피가 자연스럽게 섞여 오늘날의 쿠바인을 만들었어.

쿠바인은 검지만 아프리카 흑인처럼 검지 않고, 인디오의 피를 받았지만 황색보다 짙어. 단순히 피부색이 변한 것만은 아냐. 아프리카 흑인의 원시적 주술과 놀이가, 카리브 해의 낭만에 취해 살던 인디오의 원초

233

적 본능과 하나로 융합되면서 독특한 기질과 끼를 가진 새로운 쿠바인을 만든 거야. 가만히 서 있어도 저절로 몸이 흔들리는 쿠바인들! 노래를 부르고 춤을 추고 싶은 불꽃 같은 욕망이 날 때부터 핏줄 속에 흐르는 쿠바인들! 그들의 끼와 흥은 DNA 속에 이미 새겨져 있는 것 같아. 오늘날 세계 음악계가 주목하는 쿠바의 리듬, 살사와 맘보의 뿌리는 아프리카야. 하지만 카리브 해의 바람을 쐬지 않았다면 이처럼 융숭한 대접을 받을 수 없었을 거야. 활활 타오를 것처럼 격정적이지만 속삭임이 있는 살사와 느리지만 멈추지 않고 끝없이 흔들리는 맘보의 리듬, 그 안에 쿠바인의 본능이 숨 쉬고 있지. 50여 년에 걸친 미국의 경제봉쇄로 풀뿌리밖에 남지 않았어도 그들은 끊임없이 춤추고 노래해. 하지만 딱 한 번, 그들이 노래와 춤 대신 혁명으로 뜨겁게 타오른 적이 있어. 카스트로와 체 게바라가 이끈 쿠바 혁명의 시기였지. 그들은 불붙은 휘발유처럼 혁명의 불꽃을 뜨겁게 피워 올렸어. 500년에 걸친 식민의 역사와 200년 동안 사탕수수농장에서 받은 가혹한 수탈의 고통을 그들도 더는 참을 수 없었던 거야.

지금 나는 그 사탕수수밭으로 가고 있어. 17세기 말부터 들어선 사탕수수농장이 몰려 있는 발레 데 로스 잉헤니오스 Vale de los Injenios로 증기열차를 타고 시간여행을 떠나고 있어. 철길을 따라 키를 넘는 사탕수수밭이 끝없이 이어져. 지금은 이웃한 시엔푸에고스 Cien Fuegos나 빌라 클라라 Vila Clara 지방으로 대부분의 사탕수수농장이 옮겨갔지만 한창 때는 50여 개의 사탕수수농장이 있었고, 3만 명에 달하는 노예들이 이곳에서 일했어. 발레 데 로스 잉헤니오스는 '설탕제분소 계곡'이란 뜻이야. 그러나 두 번에 걸친 독립전쟁과 혁명으로 사탕수수농장은 모두 사라지고 지금은 세계문화유산으로 지정된 마나가 이스나가 Managa Isnaga 농장의 유적만 남아 있어.

트럭 짐칸에 탄 농부들이 기차와 마주 달리며 흙먼지 위에서 손을 흔들어. 윗옷은 생략한 사내들의 탄력 넘치는 구릿빛 몸통 위로 태양이 사정없이 꽂혀. 사탕수수에 가려 사라졌다 나타나기를 반복하는 그 트럭이 피워 올린 뽀얀 흙먼지 속에서 애니깽을 떠올렸어. 부귀영화를 이룰 수 있다는 꾐에 속아 100년 전 멕시코 유카탄 반도를 향해 태평양을 건넜던 조선인들. 그들은 머나먼 땅 쿠바까지 흘러왔고, 이 사탕수수농장에서 흑인 노예들과 함께 채찍으로 매 맞고 때론 굶어가며 일했어. 지금, 그들은 모두 어디로 갔을까. 지구 반대편의 섬나라에서 고향과 부모형제에 대한 사무치는 그리움을 안고 살아야 했던 그들의 흔적은 어디쯤에 남아 있을까? 이제는 한국말도 까맣게 잊고, 얼굴도 변해버렸을 그들.

마나카 이스나가에는 첨탑처럼 치솟은 망루가 있어. 노예들의 고혈을 짜던 사탕수수농장에서 유일하게 남은 유산이야. 노예들의 피땀으로 만든 설탕을 팔아 부를 누렸던 스페인과 미국 자본가들의 오만한 콧대처럼 망루는 하늘을 찌를 듯이 높아. 그 망루로 오르는 길은 매우 가팔라. 나무 계단은 당장이라도 부서져 내릴 것처럼 흔들리며 삐걱거렸어. 모두 5층으로 된 이 망루는 허리를 펼 수 없을 만큼 층이 낮았고, 혼자 오르기도 벅찰 만큼 비좁아.

망루 꼭대기에 서자 사방으로 뚫린 창문을 통해 발레 데 로스 잉헤니오스 전부가 내려다보였어. 눈으로 훑을 수 있는 푸른 들판이 모두 사탕수수밭이야. 자본가의 충실한 개들은 이곳에서 노예들이 농을 피우지 못하게 감시했고, 탈출을 시도하지 못하도록 철저하게 막았어. 또 때가 되면 망루에 달린 종을 울려 노예들을 깨우고, 밥 먹을 시간을 알렸어. 그

착취의 나날이 혁명의 뒤안길로 사라진 계곡에는 지금도 사탕수수가 푸르러. 그 사탕수수밭 어디선가 노예들이 굽은 허리를 펴고 망루를 올려다볼 것만 같아. 망루 아래 상인들이 펼쳐놓은, 흰색 실로 자수를 새긴 순백의 천은 이곳에서 짐승처럼 살다간 노예들의 맑은 영혼처럼 느껴져.

관광객을 태우고 시간여행을 떠났던 기차는 트리니다드로 돌아가는 길에 작은 마을에 멈췄어. 1919년 미국 필라델피아에서 제작된 이 증기 기관차는 이곳에서 물을 보충해. 기차가 멈췄을 때 한 무리의 아이들이 기차로 다가왔어. 말없이 외국 여행자들을 바라보던 아이들에게 누군가 볼펜 한 자루를 줘. 다시 또 누군가가 사탕 한 주먹을 건네. 아이들은 말없이 여행자들이 주는 선물을 받아. 아이들 뒤로 여인 몇이 서 있지만 물끄러미 이 광경을 바라만 보고 있어. 어쩌면 여행자들에게 손을 벌리는 게 이들에게는 당연한 일상인지도 몰라. 무엇을 달라고 애걸하는 것도 아닌, 그렇다고 눈길을 외면하는 것도 아닌 그들의 낯선 몸짓. 나는 어색했어. 하지만 다른 여행자들은 그들을 위해 볼펜이나 껌, 사탕쯤은 가지고 다녀야 한다는 것을 이미 알고 있는 듯 하나씩 꺼내주더라고. 난 부끄러웠지. 나만, 그들에게 줄 수 있는 게 아무 것도 없었으니까.

한 아이가 철길 뒤로 뛰어갔어. 잠시 후 나타난 아이의 손에는 꽃 한 송이가 들려 있어. 아이는 볼펜을 준 여행자에게 그 꽃을 건넸어. 그 꽃의 향기가 열차의 맨 끝에 앉은 나에게도 날아왔어. 나는 여전히 줄 것도 받을 것도 없이 우두커니 앉아서 여행자와 아이들이 주고받는 아름다운 선물을 바라볼 뿐이야.

물을 보충한 기차가 출발했어. 터빈을 돌리는 힘찬 소리에 맞춰 기관차의 굴뚝에서는 시커먼 매연이 치솟아. 기차가 시간여행의 종착역을 향

해 속도를 내면서 사탕수수밭이 하나씩 지워졌어. 그 빈자리를 소들이 한가롭게 풀을 뜯는 초원이, 다시 깊은 계곡이 채웠어. 과거와 현재를 나누는 시간의 문이나 되는 것처럼 비좁은 협곡을 지나자 트리니다드가 보였어. 골목을 빠져 나온 아이들은 기차와 함께 달렸고, 그만그만한 집들의 문 앞에 흔들의자를 두고 앉은 이들은 참 무심한 눈길로 기차를 좇았어.

　나는 여행자들이 골목의 그늘로 총총히 사라진 뒤에야 자리를 털고 일어났어. 탑승구로 향해 걷다 의자에 놓인 꽃을 보았어. 볼펜을 선물 받은 아이가 건네준 들꽃 한 송이.

푸른 바다와 하늘, 바람이 담긴 술

당신, 쿠바의 술을 알아? 럼이라 부르는 독한 술 말이야. 카리브 해의 해적들이 '망자의 관 위에는 열다섯 사람 얼씨구 좋다 럼주를 마시자'고 부르던 노래에 등장하던 그 술. 우리에게 럼주로 알려진 이 술의 이름이 론Ron이야. 여행자들이 한 병에 2,000원쯤 하는 맥주를 마실 때 쿠바인들은 1,000원쯤 하는 론을 마셔. 값은 맥주의 절반밖에 안 하지만 몇몇이 어울려 먹어도 충분히 취할 만큼 독한 술이야. 그들의 주머니 사정으로는 이 론 한 병조차 만만치 않겠지만, 론조차 마실 수 없다면 이 낙원에서의 삶은 너무 단조롭지 않을까.

트리니다드에서 자전거를 타고 1시간을 나왔어. 플라야 앙콘Playa Ancon이라 불리는 이곳은 트리니다드에서 남쪽 카리브 해를 향해 자라목처럼 튀어나온 한적한 해변이야. 쿠바를 감싼 북쪽의 이름난 해변을 외국 여행자들에게 내준 뒤 쿠바인들이 여름 휴양지로 찾는 곳이야. 그 해안이 내려다보이는 작은 레스토랑에 앉아 럼주를 마셨어. 바람에 실려 오는 한낮의 열기도 야자수 잎을 엮어 만든, 레스토랑의 그늘에서는 크게 힘을 못 써. 그 힘을 빌려 럼주를 털어 넣었어.

럼주는 차가운 술이야. 도수가 40도나 되지만 마실수록 속이 차가워져. 목울대를 넘어가는 순간 불이 나는 멕시코의 데킬라나 위스키와는 달라. 어쩌면 이 술은 쿠바인들의 몸에 흐르는 열정을 가두기 위한 술인지도 몰라. 가만 놔두면 불꽃처럼 일렁이고 말 그들의 뜨거운 피를 차갑게 식혀주기 위해 만든 것인지도! 무색으로 투명한 럼주에는 산호초가 뒤덮은 카리브 해의 푸른 바다가 담겨 있어. 유리알처럼 맑고 투명한 그 바다 말이야. 뜨거운 햇살도 어쩌지 못하는 야자수 그늘 아래의 시원한 바람처럼, 식민의 도시 트리니다드를 온종일 감싸고 있는 푸른 하늘처럼 맑은 술이야. 럼주를 마시며, 럼주를 타고 흘러오는 카리브 해의 맑은 바닷물과 트리니다드의 푸른 하늘과 야자수 그늘의 서늘한 바람을 느꼈어. 내 영혼은 그 맑은 술에 담긴 카리브 해의 낭만을 리트머스 종이처럼 빨아들였어.

온 종일 자전거를 타고 해변을 달렸어. 작렬하는 태양에 지치면 야자수 그늘에 앉아 몸을 식혔어. 주먹만 한 몽돌이 깔린 해변에서 고기를 잡으러 다니는 야성미 넘치는 사내를 따라다니기도 했어. 그러다 더는 견딜 수 없어 다른 여행자들처럼 알몸이 되어 푸른 바닷물에 몸을 담갔어. 바다는 해변에서 멀어지면서 하늘과 하나가 되었고, 나는 그 바다에서 한 마리 열대어처럼 헤엄을 쳤어. 파도는 풍선처럼 가벼운 내 몸을 부드럽게 어루만져 주었고. 일렁이는 물비늘 아래 촘촘히 깔린 몽돌까지 훤히 들여다보이는 바다에는 나 혼자가 아니었어. 손가락만큼 자란 물고기들이 나를 따라다니며 간지럼을 태웠어. 가끔 여자아이들이 자전거를 타고 지나가며 속삭이는 소리가 들렸어. 하지만 그들이 키득키득 웃으며 발가벗은 내 몸을 훔쳐보아도 전혀 부끄럽지 않았어. 나체주의자도 아닌 내가 이렇게 자연스럽게 행동할 수 있다는 것에 나 자신도 놀랄 따름이야. 하지만 그래야 될 것 같았어. 이 해변에서는 모든 가식을 훌훌 벗어던지고 자연 본래의 모습으로 돌아가야만 될 것 같았어.

꿈 하나를 이뤘어. 카리브 해로 지는 석양을 보고 싶어 했던 오랜 꿈! 잔잔하게 밀려오는 감색 파도는 달빛 깊은 밤 사랑을 나눈 뒤 밀려오는 여운처럼 부드러워. 여행자들은 해변에 앉아 잔잔한 바다 위로 내려서는 석양을 바라보고 있어. 연인들은 서로의 어깨를 그러쥐고 파도가 발목을 적셔주는 해변을 따라 먼 곳까지 거닐고. 나는 야자수 아래 앉아 그런 풍경들을 찬찬히 마음에 담아. 마치 저 석양이 한 세기를 끌고 저물어 가는 것처럼 감격에 겨워하면서.

★

1958년 8월 21일, 게릴라들은 자신들의 근거지에서 800km 떨어진 수도 아바나를 접수하기 위한 대장정에 오른다. 체 게바라는 반군연합의 전권을 위임 받아 남부 해안을 따라 진격했다. 체 게바라가 이끄는 게릴라들은 길 없는 길, 목까지 빠지는 늪지대를 별빛에 의지해 건너며 독재정권의 끄나풀들을 차례로 무력화시킨다. 체 게바라는 천식이 도져 생사를 넘나들면서도, 정부군의 불시 기습에 지옥 문턱까지 오가면서도 수많은 전투를 성공적으로 치러낸다. 그는 럭비로 단련된 단단한 몸과 강인한 정신력으로 자신의 한계를 뛰어넘었다.

★

게릴라들은 길쭉한 쿠바 섬을 동쪽부터 하나씩 해방구로 만들며 아바나로 진격했다. 바티스타 정권도 더 이상 반란군들이 아바나를 향해 진격해 오는 것을 방치할 수 없었다. 그래서 회심의 무기로 장갑열차를 준비한다. 이 장갑열차는 차량 전체를 무쇠로 만들고 차창 대신 기관총을 쏠 수 있는 구멍만 뚫어 놓았다. 반란군이 아무리 총을 쏴도 뚫을 수 없는, 무적의 열차였다. 바티스타는 이 괴물열차가 지긋지긋한 게릴라들을 섬멸해줄 것이라 기대했다.

1958년 12월 28일. 바티스타가 마지막 저지선으로 정한 산타클라라에서 시가전이 발생했다. 정부군의 숫자는 반군에 비해 열배 이상 많았다. 하지만 시간이 갈수록 전운은 정부군에게 불리하게 돌아갔다. 시민들이 바리케이드를 치며 혁명군 편에 서서 싸웠기 때문이다. 이 때 아바나를 출발한 괴물열차가 산타클라라를 향해 오고 있었다. 22량이나 되는 괴물열차가 무사히 산타클라라에 도착한다면, 반군은 치명적인 타격을 입을 수도 있는 상황이었다. 그러나 체 게바라는 치밀한 작전으로 바티스타의 계략을 산산조각 낸다. 우선 산타클라라 대학 구내에 있던 불도저로 철로를 끊은 후 18명의 게릴라를 기찻길 주변에 매복시켰다. 철로가 끊긴 것도 모른 체 기세 좋게 달려오던 장갑기차는 한순간에 전복이 됐고, 숨어 있던 게릴라들은 이때를 기다려 치스모사와염병를 던지며 공격했다. 90분간에 걸친 게릴라의 공격으로 408명의 정규군이 그 자리에서 몰살당했다. 쿠바 혁명에서 가장 빛나는 순간이었다.

체 게바라를 만나다

아침 햇살이 산타클라라 시내를 뒤덮은 안개를 밀어내고 있어. 너무 이른 아침이라서일까. 체 게바라와 마주한 이는 나와 한 여자뿐이야. 체 게바라의 동상이 바라보이는 광장의 끝에 앉은 그녀는 한 시간이 지나도록 움직일 줄을 몰라. 아마 그녀도 체 게바라를 만나려고 쿠바를 찾은 게 틀림없어. 그녀는 20세기 풍운아와 마주하는 것만으로도 가슴 속에서 벅차오르는 격정을 느끼고 있을 거야. 그 주체할 수 없는 감동을 어쩔 수 없기는 나도 마찬가지야. 우리는 서로 약속이나 한 듯이 앉은 자리에서 미동도 않고 그렇게 오래오래 체 게바라와 눈을 맞췄어.

그를 만난 것은 대학시절이야. 비딱하게 눌러쓴 베레모 아래 먼 곳을 응시하던 깊은 눈을 가진 사내 말이야. 20세기 마지막 혁명가로 소개된 그의 사진은 파란만장한 그의 삶을 알기도 전에 나를 매료시켰어. 그의 사진을 보는 것만으로도 그가 품었던 열정 속으로 빨려 들어가는 나를 느꼈어. 그러나 거기가 끝이었어. 그는 나와는 너무 먼 곳의 사람이었으니까. 그 시절의 나는 남미에서 불었던 혁명의 역사를 아우를 수 있을 만큼 근대 세계사를 통찰하지 못했어. 봄비에 개구리 울음소리만 요란하던 밤에 마오쩌둥이나 레닌의 평전을 펼쳐놓은 적은 있어도 그를 만나겠다는 생각은 하지 못했어.

젊음의 불꽃이 사그라지고, 끝나지 않을 것만 같은 긴 상실의 시대가 왔다고 느꼈을 때, 다시 꿈과 이상을 위해 나의 영혼이 훨훨 타오르지 못할 것이라는 자괴감에 빠져 있을 때 그는 슬며시 내게 다가왔어. 그의 육체적인 삶은 1967년 가을 볼리비아의 황량한 고원에서 끝났지만 그의 영혼은 죽지 않았어. 그가 제3세계 억압받는 민중을 위해 모든 영예를 버리고 아프리카로, 다시 남미로 달려갈 때처럼 싱싱하게 살아서 제 풀에 주저앉은 나약한 나에게 손을 내밀었어. 쿠바로 가고 싶었던 마음의 절반은 오직 그를 만나고 싶어서였어.

그는 쿠바의 모든 거리에 살아 있었어. 쿠바 혁명을 이끌었던 피델 카스트로와 카밀로 시엔푸에고스, 그리고 체 게바라는 50년 세월이 흐른 뒤에도 쿠바를 움켜쥐고 있는 힘이야. '우리도 그처럼 살겠다'는 어린 아이들의 다짐에도, 허름한 도시의 뒷골목에도, 일터로 가는 시골의 외진 길가에도 예지와 용기로 가득한 그의 선한 눈망울이 있어. "우리의 혁명에 예외는 없다"고 외쳤던 그의 확신에 찬 목소리는 쿠바인의 가슴에 화

살처럼 박혀 있어.

그는 틀에 박힌 사회주의자가 아니었어. 약자를 위해 눈물을 흘릴 줄 아는 휴머니스트였고, 진실에 광적으로 목말라했던 지성인이었어. 태어날 때부터 죽는 순간까지 그를 괴롭혔던, 적들의 총알보다도 더 무서운 천식의 고통 속에서도 책을 놓지 않았던 지독한 책벌레였고, 시인이었으며, 고고학자였어. 그는 또 언론인이자 사진가였고, 체스와 럭비에 열광했던 운동선수였어. 그렇게 그는 신념과 용기를 가진 인간이 할 수 있는 무한대의 가능성을 보여주고 떠났지. 샤르트르가 '그 시대 가장 완벽한 인간'이라 칭송한 것도 이 때문이야.

한 손에는 총을 들고, 다른 한 손은 혁명의 이상을 향해 하늘로 뻗은 체 게바라의 동상. 그의 머리 위로 저녁노을이 물들고 있어. 그는 지금도 싸우고 있어. 자신의 삶에 덧칠해진 숱한 가식들과 죽어서도 싸우고 있어. 체 게바라가 삶을 불태우며 맞서 싸웠던 제국주의자들이 오히려 그의 이미지를 팔아서 이윤을 추구하는 이 이율배반적인 세계와 맞서고 있어. 그의 이름을 딴 시계와 맥주, 사진이 담긴 티셔츠 등 그의 영혼을 팔아 이익을 챙기려는 다국적 기업의 저급한 상업주의와 맞서. 또한 영웅 부재의 시대를 살고 있는 지구의 젊은이들이 그를 우상으로 숭배하고 신비화하려는 삐뚤어진 열망에도 그는 결연하게 맞서 싸우고 있어.

아침부터 나와 함께 했던 여인은 언제였는지도 모르게 자리를 떴어. 그리고 또 언제부터인가 젊은 친구 하나가 그 자리를 차지하고 앉아 책을 읽는 중이야. 나는 시거에 불을 붙였어. 체 게바라가 즐겨 피우던, 아바나에서 시거공장을 견학하고 얻은 로미오 앤 줄리엣이야. 쿠바 혁명을 위해 싸우던 시절, 그는 이 시거를 물고 아이처럼 천진한 미소를 띠곤 했지. 그에게 지금 내가 줄 수 있는 게 이 시거 하나뿐이란 사실이 조금 미안해.

산타클라라 시내를 향해 터벅터벅 걸었어. 노을은 아스팔트 위로 넘쳐흘러. 그 길을 걸으며 자꾸 뒤를 돌아봐. 자전거를 타고, 마차를 타고 오가는 사람들의 실루엣 뒤로 체 게바라가 붉은 노을을 이고 있어.

★

1959년 1월 3일. 땅거미가 질 무렵, 반군은 마침내 아바나에 입성했다. 체 게바라는 다른 한 갈래로 혁명군을 이끌고 온 카밀로 시엔푸에고스와 감격의 포옹을 나눈다. 마침내 라틴 아메리카 최초의 혁명이 성공한 것이다. 82명의 몽상가들이 그란마 호를 타고 쿠바 섬을 향해 원정을 떠난 지 꼭 2년 만이다.

★

1959년 6월 2일. 체 게바라는 그란마 호의 동지들과 가까운 친지들만 초대한 가운데 두 번째 결혼식을 올린다. 상대는 게릴라 시절부터 그를 보좌했던 일레이다. 첫 번째 부인 일다가 그랬던 것처럼, 그들은 연인이기 이전에 혁명의 동지였다. 둘 사이에서는 큰딸 일레이디타를 포함해 4명의 아이들이 태어났다.

1959년 12월 26일, 체 게바라는 국립은행 총재에 오른다. 의사, 게릴라 대장, 토지개혁위원회 위원장, 산업부 장관, 전권대사, 국립은행 총재⋯⋯. 쿠바 혁명기에 체 게바라라는 한 인물이 수행했던 직책이다. 그러나 안락함과 보장된 미래는 애초부터 그의 관심이 아니었다. 세계는 여전히 제국주의자들의 손아귀에 있었고, 제3세계 민중들의 삶은 나락을 벗어나지 못하고 있었다. 체 게바라는 세계에서 가장 맛있는 담배가 재배된다는 피나르 델 리오Pinar del Rio에서 다시 제3세계 혁명의 꿈을 꾸기 시작했다.

★ 수고스런 삶의 짐을 내려놓다

　나는 지금 황토흙길을 걷고 있어. 사위는 안개가 자욱해. 이른 아침부터 걸었던 터라 신발이 이슬에 흠뻑 젖었어. 들녘을 가르며 난 길을 따라 말을 타고 일터로 가는 사람들의 실루엣이 희미하게 보여. 안개 속에서 또각또각 울리는 말발굽 소리와 가끔씩 말을 채근하는 소리들. 자전거를 타고 가는 이들은 소리도 없이 다가왔다 스쳐 지나가. 길가에 서 있는 체 게바라의 입간판은 긴 밤을 지새우면서 함초롬하게 이슬에 젖어 있어. 멀리서 버스 대용으로 사용되는 트럭이 달려와. 짐칸에는 수십 명의 사람들이 선 채로 타고 있어. 굴뚝 위로 연기가 솟는 작은 집에서는 이른 아침부터 찾아온 낯선 이방인을 좇는 눈길이 작은 쪽창 너머로 보여. 그이는 나와 눈이 마주치자 서둘러 고개를 돌려. 토란잎에는 착한 사슴의 눈망울처럼 맑은 이슬들이 돌돌 말려 있어. 그 너머로 안개가 옅어질 때마다 언뜻언뜻 몽긋몽긋한 모양의 산들이 보여.

　우선 내가 황토흙길을 걷고 있는 비냘레스Vinales에 대해서 말해 줄게. 이곳은 아바나에서 서쪽으로 180km 떨어진 한갓진 시골이야. 쿠바에서 가장 좋은 담배가 나는 피나르 델 리

오에서도 최고의 담배가 나는 곳이야. 체 게바라가 아프리카와 볼리비아로 떠나기에 앞서 게릴라들을 훈련시키던 곳이고, 미국이 B-29기로 쿠바를 폭격할 때 그가 석회동굴 속에서 숨어 있던 곳이기도 하고.

비냘레스는 작은 마을이야. 하지만 이곳은 박제화 된 여행지가 아닌, 진짜 쿠바를 보고 싶어하는 여행자들이 찾는 곳이야. 이곳의 풍경은 물에 떠 있는 베트남 하롱베이나 중국의 계림을 상상하면 얼추 비슷해. 비냘레스는 100만 년 전부터 침식이 진행되고 있는 석회암 지대야. 수많은 시간이 흐르면서 무른 지대는 빗물에 녹아 평야가 되고, 나머지 부분은 둥글둥글한 산으로 남아 있어. 이 산들도 밑에는 구멍이 숭숭 뚫려 있어. 마치 골다공증에 걸린 사람의 뼛속처럼 산 밑으로는 동굴이 얽히고 설키어 있어. 어떤 곳은 땅 밑으로 강물이 흘러가기도 해. 체 게바라가 미국의 폭격을 피해 숨었던 곳도 그 동굴 중 하나일 거야. 비냘레스는 이 같은 특이한 지형 덕택에 1999년에 세계자연유산으로 등재됐어. 하지만 그런 것은 크게 중요한 게 아냐. 아바나나 트리니다드처럼 식민의 유산으로 가득하거나 바라데로처럼 그림 같은 해변을 끼고 자리한 휴양지가 아닌, 쿠바 시골의 원형질을 볼 수 있다는 게 이곳의 매력이야. 그것이면 족해. 이곳에서는 수고스런 삶의 짐을 내려놓고, 풍경에 젖어 잠시 쉬었다

가는 것만으로도 행복이 번질 테니까.

들녘을 지나 계곡으로 들어섰어. 마치 두부를 토막낸 것처럼 산이 패여 만들어진 계곡이야. 그 한쪽 벽면에는 가로 길이가 120m에 달하는, 세상에서 가장 큰 벽화가 있어. 멕시코의 위대한 화가 디에고 리베라의 수제자 레오비히도 곤잘레스 마리요가 1961년부터 15명의 화가와 함께 5년 동안 그린 그림이야. 공룡과 이구아나, 달팽이, 바다 생물, 그리고 아담과 이브처럼 선한 두 남녀가 한 아이를 데리고 서 있는 벽화야. 선사시대Mural de la Prehistoria라는 제목처럼 시간과 공간을 뛰어넘어 찾아간 태고의 모습을 상상해서 그린 그림이야. 이 벽화는 벽을 인공으로 다듬거나 훼손시키지 않고 자연 그대로의 벽에 그렸어. 가까이 다가가면 그림의 형태는 지워지고 거칠고 울퉁불퉁한 바위 표면과 그 위에 덧칠해진 페인트 밖에 보이지 않아. 그림의 형태는 적당히 떨어질수록 뚜렷하게 보여.

벽화를 지나서 다시 황톳길로 접어들었어. 논과 밭 사이로 나 있는 황톳길은 여러 갈래로 나뉘었어. 정해 놓은 길은 없어. 어디로 가든 그건 나의 자유야. 햇살이 따가워지면서 바싹 메마른 흙은 발길이 닿을 때마다 뽀얀 먼지를 일으켜. 흙은 쿠바인들의 피부만큼이나 붉어. 이 붉은 흙에서 자란 담배만이 쿠바에서 최고로 치는 시거가 될 수 있어. 황톳길이 휘어지고 돌아가는 모퉁이마다 파랗고 하얀 페인트로 벽을 칠한 집들이 있어. 지붕은 하나같이 야자수 잎을 얽어서 얹었는데, 집안을 가까이서 요모조모 뜯어보면 남루하기 그지없어. 그래도 그들의 얼굴에는 미소가 떠나지 않아. 낯선 이방인과 눈이 마주치면 그들은 언제나 웃음 띤 얼굴이야. 이곳뿐만 아니라 쿠바 어디를 가도 마찬가지지. 쿠바인은 태어날 때부터 이방인을 보면 웃어야 한다는 유전자를 가지고 있는지도 몰라.

얼마를 걸었는지 몰라. 딱히 정한 목적지도 없이 그저 발길 닿는 데로 들녘의 이곳저곳을 헤매고 다녔어. 중천의 해가 서산으로 걸음을 재촉할 때까지 무슨 신바람이 났는지 들판을 쏘다녔어. 온 종일 먹은 것이라고는 물 한 통이 전부인데도 발길을 돌리고 싶지 않았어.

여치 우는 소리가 잔잔하게 들리는 밤, 문밖에 놓인 흔들의자에 앉아 있어. 세상은 어둠에 잠겼어. 랜턴을 켜고 늦은 저녁을 먹는 사람들 빼고는 불빛조차 찾을 수 없어. 어둠이 깊을수록 작은 소리도 생생하게 살아오는 법이야. 거리를 걷는 이나 식탁에 앉아 소곤소곤 대화를 나누는 이들의 말소리도 살랑이며 부는 바람을 타고 내가 앉은 흔들의자까지 찾아와. 달빛이 퍽 밝은 밤인데도 밤하늘에는 별이 가득해. 성호를 그리며, 별똥별 하나가 몽긋몽긋하게 솟은 비냘레스의 산 너머로 떨어졌어. 꿈을 꾸고 있는 것처럼 평화스런 밤이야.

비냘레스는 오후 8시만 되면 어김없이 전기가 나가. 전력이 부족하기 때문이지. 이렇게 불이 나가면 1시간쯤 뒤에나 들어와. 어느 때는 2시간씩 들어오지 않을 때도 있어. 전기가 나가면 마을은 온통 어둠에 휘감겨. 비냘레스에 사는 이들에게는 고달픈 일이지만 나는 이 어둠이 좋아. 이 어둠은 잃어버린 것들, 잊고 살던 것들에 대한 아련한 추억들을 석고처럼 굳은 내 기억의 방에서 하나씩 끄집어 내줘. 비냘레스에 머무는 나흘 동안 내 기억 속의 풍경과 이 한갓진 마을의 모습이 끊임없이 겹쳐지며 나를 행복에 취하게 했어.

비냘레스가 안겨준 행복은 로스 하스미네스 Los Jasmines 호텔 앞에 펼쳐진 너른 들을 바라볼 때 절정을 이뤄. 비냘레스에서 30분쯤 걸어가야 하는 이 언덕 위의 호텔에 가면 비냘레스의 전경이 한눈에 보이거든. 나는

비냘레스에 머무는 동안 해가 뜨고 질 때마다 그곳을 찾았어. 들판은 운해에 휘감기고, 로열 야자수들만 안개 위에 솟아 있는 아침나절의 풍경을 어떻게 잊을 수 있을까. 그 아슴아슴한 안개 속에서 막 깨어나던 사람의 마을을. 해질녘 풍경은 또 얼마나 아름다운지! 오렌지빛 햇살이 사선으로 내리는 황토들판 위로 다시 오롯하게 키를 세운 로열 야자수와 삼각텐트처럼 서 있는 담배 건조실들. 하루 일을 마친 농부들은 말을 타고 들녘을 가로질러 집으로 가고, 내일 아침이면 자욱하게 들판을 채울 안개처럼 집집마다 굴뚝에서 연기가 솟아나. 그들의 가난한 살림살이 걱정만 아니라면 지상에서 가장 아름답고 평화로운 마을이라 불러도 좋을 거야. 이 풍경 속에 내가 있다는 것이, 이 평화로움 속에 내가 놓여 있다는 것이, 얼마나 행복하고 감사한지!

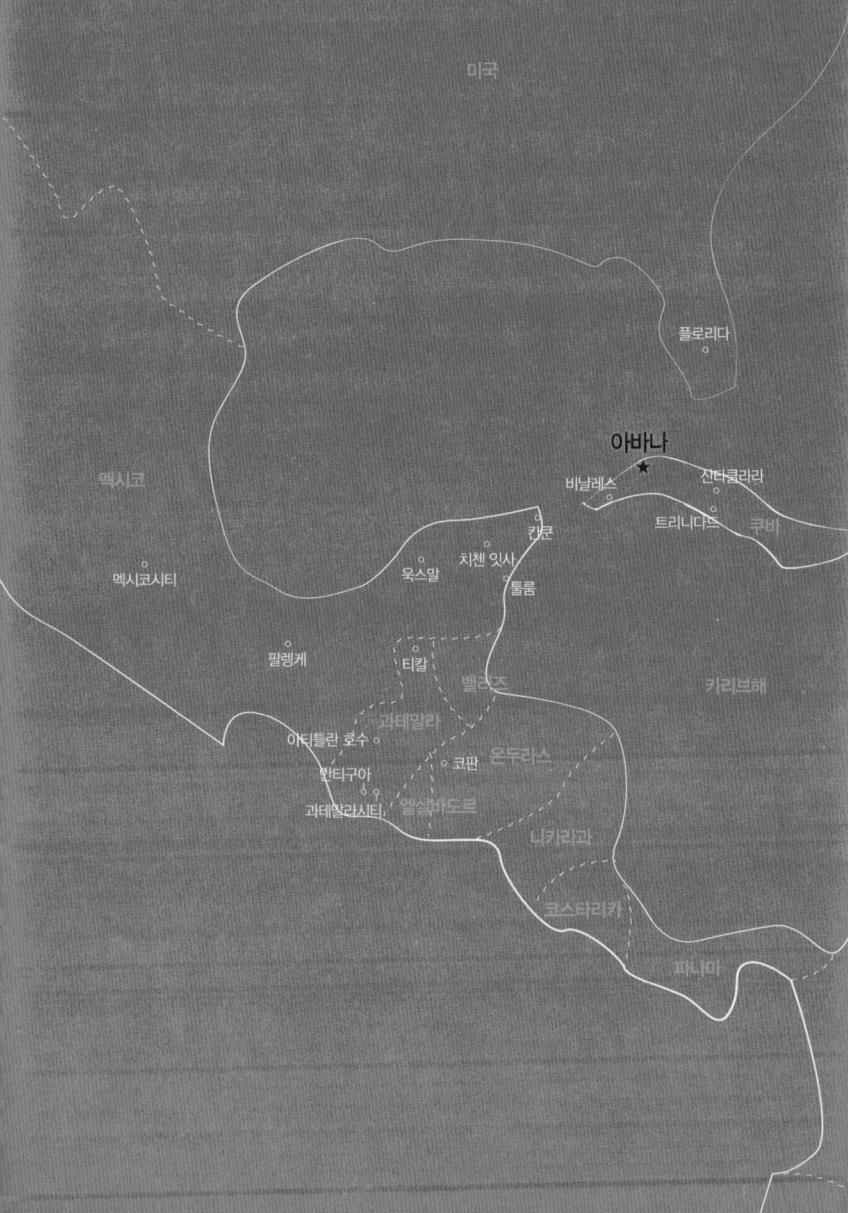

5
★ 영혼의 순례자

베네수엘라
가이아나
수리남
프랑스령 기아나
브라질

★

1965년 3월 31일. 체 게바라는 혁명의 벗 피델 카스트로와 아내에게 작별의 편지를 남기고 아프리카로 떠난다. 며칠 뒤 체 게바라는 오케스트라 단원으로 위장한 136명의 전사와 함께 콩고에 입성한다. 그로부터 1년간 체 게바라가 이끄는 전사들은 아프리카 혁명을 위해 국경을 넘나들며 싸운다.

1966년 7월. 탄자니아에서 탈출한 체 게바라는 피델 카스트로의 간곡한 부탁으로 볼리비아로 가려던 계획을 수정해 쿠바로 돌아온다. 피나르 델 리오에서 전사들을 훈련시키고 있던 그는 딱 한 번 가족과 재회한다. 그러나 체 게바라는 철저히 자신의 신분을 숨긴다. 당시 다섯 살이던 큰딸 알레이디타는 자신을 스페인 사람 라몬이라 소개하는 한 남자를 만난다. 그러나 그가 아빠라는 사실을 끝내 알지 못한다. 훗날 알레이디타는 체 게바라가 죽은 뒤 스페인 사람 라몬만 홀로 있는 사진 한 장을 건네받는다.

헤밍웨이는
카리브 해로 떠나고

코히마르Cojimar의 부서진 방파제에는 사내 하나가 낚시를 하고 있었어. 헐렁한 청바지만 걸친 그의 몸은 구릿빛으로 보기 좋게 그을렸어. 아니 그는 태어날 때부터 검붉은 피부를 가지고 나왔을 거야. 그의 다부진 몸매에 비해 낚싯줄에 걸려 나오는 고기들은 초라하기 짝이 없어. 손바닥만 한 꽁치가 전부야. 그에게서 고기잡이를 주업으로 삼은 어부의 결연한 몸짓은 찾아볼 수가 없어. 그는 그저 햇살 좋은 하루를 즐길 생각으로 바다에 나와 있을 뿐이야. 사내 앞으로 맑은 바다를 가르며 포구로 드는 고깃배들이 있어. 아마도 그 배에는 열대의 바다를 누비는 청새치 같은 큰 물고기들이 실려 있겠지.

헤밍웨이를 만나러 왔어. 코히마르는 헤밍웨이를 대문호의 반열에 오르게 한 소설 〈노인과 바다〉의 배경이 되었던 항구야. 헤밍웨이는 쿠바의 아름다움에 매료되어 1939년 아바나 근교에 저택을 마련했어. 1차 세계대전과 그리스-터키 전쟁, 스페인 내전에 종군기자로 참전하며 젊음의 혈기를 소진하기도 했던 그는 쿠바에 정착한 후 1960년 미국으로 돌아갈 때까지 이곳에서 왕성하게 집필활동을 해. 때로 에바 가드너 같은 당대의 여배우들이 그의 식객이 되어 머물기도 했고, 피델 카스트로, 체 게바라와 어울려 낚시 솜씨를 뽐내기도 했어. 그는 엘 필라르라는 낚시 보트를 가지고 있을 만큼 낚시를 좋아했어. 그가 〈노인과 바다〉의 모델로 삼았던, 코히마르에 살았던 어부 그레고리오 푸엔테스는 절친한 낚시지기이자 술 친구였어.

〈노인과 바다〉만큼 오래도록 사랑을 받는 소설도 드물 거야. 망망한 바다에서 펼쳐지는 물고기와 한 인간의 외로운 사투라는, 단순한 설정이지만 참 많은 것을 생각하게 하는 소설이야. 한물간 어부로 취급받던 노인이 사흘 동안 목숨을 건 싸움 끝에 거대한 물고기를 잡아. 그러나 그토록 힘들게 잡은 물고기는 항구로 돌아오는 길에 상어에게 다 뜯어 먹히고 뼈만 앙상하게 남지.

노인이 물고기와 사투를 벌이던 바다는 어쩌면 우리가 살아가는, 결코 만만치 않은 이 세상일지도 몰라. 우리는 이 세상에서 살아남기 위해 늘 무엇인가를 결단해야 하고, 다른 누구도 아닌, 나 자신과의 싸움에서 이겨야 해. 그 싸움은 한 치의 물러섬도 허락되지 않아. 그렇다고 피해갈 수도 없는, 참 비정한 싸움이야. 헤밍웨이는 이 한적한 카리브 해의 항구에 머물면서 숱한 삶들이 뒤엉켜 용광로처럼 들끓는 치열한 세상을 무소의 뿔처럼 혼자서 헤치고 가야 하는 인간의 숙명을 청새치에 맞서 싸우는 노인을 통해 보여줬어. 〈노인과 바다〉에 그려진 인간의 도전의지를 현실에서 추구한 이는 고고한 이상을 위해 어떤 고난에도 굴하지 않고 가장 확신에 찬 길을 걸었던 체 게바라가 아닐까.

항구 한편에 자리한 헤밍웨이의 흉상은 상상으로 그려보았던, 인자한 모습 그대로야. 스페인 내전을 휘젓고 다니던 패기만만한 종군기자의 모습은 찾아볼 수 없어. 그저 카리브 해의 맑은 바람에 젖어 살았을 한없이 너그러운 한 노인을 떠올리게 할 뿐이야. 그는 왜 세계사의 소용돌이에서 한발 비켜난 카리브 해의 외진 섬을 찾았을까.

자본주의 물결이 휩쓸던 미국에서 태어나고, 종군기자로 유럽의 심장을 훑으며 젊은 시절을 다 소진한 그에게 쿠바는 지상의 마지막 안식처였을지도 몰라. 그에게는 현실에서 누군가와 맞서 싸워야 할 결연한 투쟁의지가 필요한 게 아니었을 거야. 단지 그의 몸으로 기억하고 담아낸 세상을 소설로 쓸 수 있는 보금자리가 필요했을 뿐이야. 피 터지는 전쟁터와 인간의 몰락과 영화가 극적으로 표출되는 시대를 헤쳐 오면서 얻은 혜안과 예지를 문학이란 틀로 버무려 낼 수 있는 곳 말이야. 지금 내 앞에 펼쳐진 낭만 가득한 바다가 그에게는 허리케인이 몰려오는 폭풍처럼 들끓는 바다로 보였을지 몰라. 서산에 지는 해는 전쟁터에 터지는 포탄이자 갈기갈기 찢긴 육신의 파편이었을 것이고, 살랑이며 부는 바람에서 사람들의 절규와 분노의 함성을 느꼈을지 몰라. 카리브 해의 섬나라 쿠바를 선택한 그의 삶은 단순한 문명으로부터의 도피가 아니었어. 털신을 신고 바람이 불어오는 바다를 보며 하루에도 몇 시간씩 미동도 않고 작품 구상에 몰두한 그에게서 인간의 존재 의지를 향한 싸움은 결코 끝나지 않

앉어.

항구를 따라 거닐었어. 여전히 몇몇의 사내들이 심심풀이로 낚시를 하고 있어. 중늙은이가 물고기 몇 마리를 꿴 꾸러미를 들고 해변을 따라 걸어와. 그에게서 이미 고인이 된, 소설 속 주인공이었던 그레고리오 푸엔테스를 떠올려 봐. 이 마을에 살던 그는 십 년 전 세상을 떴어. 실개천이 바다로 흘러드는 곳에 고깃배들이 정박해 있어. 어부 몇몇이 배에 앉아 독한 럼주를 마시고 있어. 그들도 노인처럼 거대한 물고기를 잡았을까? 그들도 어쩌면 노인이 며칠간의 사투 끝에 걸어냈던 거대한 청새치를 화제로 삼고 있을지도 모른다고 상상해 봤어. 어부에게 대어는 삶의 긴장을 팽팽하게 당겨주는 끈이잖아.

1960년 여름. 헤밍웨이는 또 하나의 안식처였던 플로리다 키웨스트의 별장으로 떠나. 그게 헤밍웨이와 쿠바의 이별이라고는 아무도 예상치 못했어. 그는 몇 권의 책과 여행 도구를 챙겨 아내와 함께 배에 올랐어. 그 후 우울증과 과대망상에 시달리던 그는 1961년 7월 19일 미국 아이다호에서 엽총 한 발로 자신의 생을 마감해. 20세기를 꿰뚫었던 한 시대의 지성은 그렇게 별이 됐어. 만약 헤밍웨이가 자살하지 않았다면 그는 또 어떤 명작을 남겼을까? 아마도 드라마틱한 쿠바 혁명과 체 게바라를 소재로 소설을 쓰지 않았을까? 단언하지만 체 게바라 만큼 확실한 캐릭터는 없을 거야. 그가 걸었던 삶의 궤적은 어떠한 가공을 거치지 않아도 완벽한 서사적 구조와 결말을 가진 소설이 될 수 있으니까.

1994년 수천 명의 쿠바인이 코히마르에서 망명길에 올랐어. 쿠바를 탈출하면 정착촌을 제공하고 비자문제를 해결해 주겠다는 미국의 집요한 회유공작에 넘어간 이들이 어두운 밤에 코히마르를 떠난 거야. 이곳에서 미국 플로리다까지는 직선거리로 200km. 쿠바에서는 미국과 가장 가까운 곳이야. 그러나 망명자들이 준비한 배는 고작해야 스티로폼이나 고무 튜브가 전부였어. 돛도 없고, 노도 없는 그 한심한 배를 타고 그들은 신천지를 찾아 떠났던 거야. 그들은 이 무모한 탈출을 감행하면서 혁명의 이상을 현실에서 실현하지 못한 쿠바와 50여 년간의 봉쇄로 쿠바 경제를 파탄내 자신들을 망명길에 오르게 한 미국 모두를 원망했을지 몰라.

한바탕 소나기가 내렸어. 쿠바에 머무는 한 달 동안 내린 비 가운데 처음으로 비다운 비야. 그 바람에 온몸이 홀딱 젖었어. 맹그로브 나무 너머의 바다에서는 비가 내리는데도 몇몇의 사내가 고무 튜브를 타고 낚시를 하고 있어. 이제 이들의 한가로운 삶에 조금은 멀미가 나. 평생을 저들처럼 낚싯줄이나 던지며 지내라고 한다면 미쳐버릴지도 몰라. 나의 몸은 끊임없이 움직이고 바쁘게 돌아쳐야 하는 자본주의에 중독되어 있어. 아니 어쩌면, 이 지독한 평화 한 가운데에서도 세상사를 꿰뚫어 볼 수 있는 헤밍웨이의 혜안이 없기 때문일지도.

안녕, 아바나, 안녕, 체

아바나 비에하에서 발길을 바다로 돌렸어. 쿠바를 떠나기 전에 마지막으로 바다를 보고 싶었어. 이 바다를 볼 때마다 마음이 얼마나 편했는지 몰라. 이 바다는 지구 반대편의 낯선 땅에 혼자가 되어 떠돌고 있다는 외로움을 달래주었어. 이곳에만 오면 지친 몸도, 고향에 대한 향수에 시름겹던 마음도 평안을 얻었어. 온종일 아바나 시내를 돌아다니다가도 저녁이면 이곳을 찾았던 것도 그런 연유에서야.

이 바다가 마음에 위안이 되기는 쿠바인들도 마찬가지야. 사람들에 등 떠밀리고, 차들이 뒤엉킨 혼탁한 아바나의 거리는 그들의 안식처가 아니야. 그들은 가난한 삶에 지쳐 마음이 답답하거나 영혼의 그림자가 무거워지면 이 바다로 향해. 이곳에서 맑은 바람과 시원한 파도로 영혼의 때를 씻어.

딱히 바쁠 것도 없고 할 일도 없는 아바나 사람들은 어제처럼 또 방파제로 나와 서늘한 바람에 몸을 맡겨. 하염없이 바다를 보며, 방파제를 뛰어 넘는 파도를 보며, 바스러진 마음을 비우고 있어. 연인들은 또 방파제에 앉아 지상에서 나누는 마지막 사랑인 듯 서로의 입술을 탐해. 며칠째 빈손으로 돌아섰던 낚시꾼은 다시 높은 파도 위에 낚싯줄을 던져. 듣는 이 하나 없어도 트럼펫과 기타를 둘러멘 젊은이들은 쿠바의 정열을 노래에 실어. 어느새 눈에 익어버린 이 풍경은 아마 오래도록 내 가슴에 남아 있겠지.

이제 아바나와 작별할 시간이야. 내 생애 이처럼 행복한 여행이 또 있었을까 싶어. 여행을 떠나기 전 나를 괴롭혔던, 사회주의 국가에 대한 막연한 편견과 불안은 모두 허상에 불과했어. 이곳은 이념의 잣대가 필요 없는 나라였어. 탐욕스런 누군가의 발길이 미치지 않았더라면, 이곳에는 불행이나 행복 같은, 삶을 쪼개고 편 가르는 일도 없었을 거야. 이곳에서의 사람살이란 그저 햇살에 바싹 마른 하얀 광목처럼 순수했을 텐데. 햇살이 비치는 바다처럼 투명하고 맑았을 텐데. 사람들은 본능이 끌리는 대로 먹고 움직이며 살면 될 뿐, 무엇을 위해 피를 흘리거나 누구를 미워하지 않아도 됐을 텐데.

그러나 '역사에 가정은 없다'는 냉혹한 현실에서 쿠바도 자유로울 수 없어. 그들 역시 식민의 시대를 살았던 다른 나라들처럼 헐벗고 굶주리고, 누군가에 의해 학대받았어. 다시 그 역사가 되풀이되지 않게 하기 위해 피를 흘리며 싸웠고, 다시 식민의 나락으로 떨어지지 않기 위해 카리브 해를 사이에 두고 미국과의 불안한 동거를 50년째 해오고 있어. 그러나 미국의 경제 봉쇄로 삶이 나락으로 곤두박질 쳤어도 쿠바인의 가슴 저 깊은 곳에 숨겨진 본능까지 사라지진 않았어. 바람이 불면 바람결을 따라 흔들리고, 파도가 치면 파도에 몸을 맡기는 이들의 자유본능은 여전히 살아 있어. 절박한 것은 쿠바를 바라보는 세상의 눈일 뿐, 그들의 영혼은 언제나 자유로워. 뼛속까지 태우는 카리브 해의 태양이 있는 한, 머릿속을 맑게 비워주는 카리브 해의 바람이 있는 한, 그들의 몸속에 흐르는 자유본능은 멈추지 않아.

시거 한 대를 피워 물었어. 쿠바인의 핏줄을 따라 흐르는 뜨거운 본능이 내 몸에서도 꿈틀거리게 하고 싶었어. 탈색된 시거의 연기가 바람에 실려 파란 하늘로 흩어져. 귓볼을 핥는 부드러운 바람의 속삭임에 취해 다시 몸 속 깊은 곳으로 시거의 향기를 빨아들이다가 방파제에 가만히 몸을 뉘었어. 눈물 나게 파란 하늘이 내 눈 가득 들어와. 눈을 감았어. 방파제 벽을 때리는 파도 소리가 내 영혼까지 흠딱 적셔 놓고는 저만치 멀어져 가. 어디선가 사내 하나가 걸어와. 금빛으로 빛나는 별을 단 베레모를 쓰고, 예수처럼 수염을 기른, 저 먼 이상을 향해 그윽한 눈길을 주고 있는 사내, 체 게바라. 내 영혼의 등대였던 그에게도 이젠, 작별을 고할 시간이야. 안녕, 체!

★

1966년 11월 3일. 130748번 우루과이 여권을 가진 아돌포 메나라는 사내가 볼리비아 라파스 공항에 내린다. 그는 동료들과 함께 안데스의 깊은 협곡을 따라가 '강의 머리'라 불리는 냥카우아수^{Nancauasu}까지 간다. 이곳에서 체 게바라는 다시 기약 없는 게릴라전에 돌입한다.

★

1967년 10월 8일. 체 게바라는 아마존 강 상류의 협곡에서 볼리비아 군과 마지막 전투를 벌인다. 다리에 총상을 입고 체포된 그는 차코라는 마을에 있는 작은 학교에 감금된다. 그 다음날 볼리비아 장교와 미국 CIA 요원들이 지켜보는 가운데 체 게바라의 사형이 집행된다. 10월 9일 오후 1시 30분. 체 게바라는 하늘로 돌아갔다. 그의 나이 39세. 그는 총알이 심장을 꿰뚫은 뒤에도 눈을 감지 않았다. 하늘을 향해 열린 선한 눈망울과 덥수룩한 수염을 한 그의 얼굴은 2,000년 전 인류를 대신해 십자가를 졌던 예수를 그대로 빼닮았다.

★

1997년 10월 17일, 체 게바라의 유해는 볼리비아에서 죽은 16명의 전사와 함께 산타클라라로 돌아온다. 이 도시는 체 게바라가 이끌던 게릴라들이 쿠바 혁명사에서 가장 빛나는 전투를 벌였던 곳이다. 체 게바라가 산타클라라에 영원히 잠들던 날, 혁명의 벗 피델 카스트로는 30일간 조기를 게양하고, 3일간 모든 공식 활동을 금하며, 그가 적들에게 잡힌 10월 8일을 '게릴라 영웅의 날'로 정한다는 담화문을 발표한다.

나의 꿈에 한계는 없다.
적어도 총알이 나 대신 모든 것을 결정해 주기까지는.

*안녕, 체

2013년 4월 15일 초판 1쇄 펴냄

지은이 김산환
디자인 Relish (relish.ej@gmail.com)
발행인 김산환
편집인 조동호
편집 윤소영
펴낸곳 꿈의지도
인쇄 정민문화
종이 월드페이퍼

주소 경기도 파주시 광인사길 68 성지문화빌딩 401호
전화 070-7535-9416
팩스 0505-991-9416
홈페이지 www.dreammap.co.kr
출판등록 2009년 10월 12일 제82호

ISBN 978-89-97089-19-2-13950

* 이 책의 판권은 지은이와 꿈의지도에 있습니다. 지은이와 꿈의지도 허락 없이는 어떠한 형태로도 이 책의 전부, 또는 일부를 이용할 수 없습니다.
* 잘못된 책은 바꾸어 드립니다.